Computer **idee**

Duidelijk voor iedereen

Van videoband naar cd en dvd

John Vanderaart

VAN
DUUREN
MEDIA

ISBN: 90-5940-261-8 (9789059402614)
NUR: 980
Trefw.: videobewerking, multimedia

Omslag: Artifex Graphics, Roosendaal
Opmaak en vormgeving: Van Duuren Media, Culemborg
Druk: Salland de Lange, Deventer

Dit boek is gezet met Corel VENTURA™ 10.

Dit boek is gedrukt op een papiersoort die niet met chloorhoudende chemicaliën is gebleekt. Hierdoor is de productie van dit boek minder belastend voor het milieu.

Overige series bij Van Duuren Media...

...in je broekzak

De serie *...in je broekzak* kent diverse kleine referentiegidsjes boordevol basisvaardigheden, tips, trucs, nuttige websites en naslaginformatie over het beschreven onderwerp. De inhoud is bondig, relevant, helder en informatief, waarbij het onderwijzende aspect iets minder prominent aanwezig is. De titels in deze serie bieden de lezer een compacte en overzichtelijke samenvatting van de mogelijkheden en valkuilen van het besproken onderwerp.

SNEL >

De serie *Leer jezelf SNEL...* kenmerkt zich door een opzet van bondige hoofdstukken in een boekje dat qua formaat uitnodigt tot lezen en zelfstudie. De serie ontleent haar naam aan het feit dat de stof snel kan worden doorgewerkt en opgenomen. Elk boekje omvat circa 15 min of meer op zichzelf staande onderwerpen, zodat de lezer eenvoudig zelf zijn of haar eigen tempo kan bepalen.

MAKKELIJK >

De serie *Leer jezelf MAKKELIJK...* is bedoeld voor de lezer die duizelt van onbegrijpelijk jargon, Engelse termen, complexe constructies en ondoorgrondelijke voorbeelden. Op een uiterst heldere maar doeltreffende wijze beschrijven de auteurs van deze serie een grote variëteit aan onderwerpen, zonder het doel van het boek uit het oog te verliezen: kennisoverdracht. Gelardeerd met afbeeldingen, vele praktijkvoorbeelden en nuttige tips en wetenswaardigheden, is de serie *Leer jezelf MAKKELIJK...* voor nagenoeg elke computergebruiker – beginner of gevorderde – een verademing.

PROFESSIONEEL >

De serie *Leer jezelf PROFESSIONEEL...* biedt wat de naam reeds doet vermoeden: professionele onderwerpen, beschreven op een hoog doch begrijpelijk niveau. Zonder te verzanden in minutieuze details beschrijven de auteurs van deze serie ingewikkelde onderwerpen op een heldere en duidelijke wijze, waarbij complexere voorbeelden niet worden geschuwd. Met de boeken uit de serie *Leer jezelf PROFESSIONEEL...* leert u zaken die u in de handleiding van een softwarepakket niet terugvindt.

SUPERBOEK

De serie *Superboek* omvat titels die complexe onderwerpen op een geavanceerd niveau beschrijven, zonder onbegrijpelijk te worden. Ook hier blinkt het taalgebruik uit in doorzichtigheid en leesbaarheid, evenals de vele voorbeelden, tips en achtergronden. Boeken in de serie *Superboek* kunnen als naslagwerk worden bestempeld, maar ook als referentiegids en geavanceerd cursusmateriaal.

MEGATIPS

De serie *Megatips* bevat boeken boordevol tips over een bepaald onderwerp. Deze tips zijn op diverse manieren gerubriceerd en ingedeeld, zodat opzoeken zeer eenvoudig wordt gemaakt. Enkele titels zijn voorzien van een cd-rom met aanvullende software en een zoekmachine. Deze serie is opgezet voor zowel de hobbyist als de professional die over een waardevol naslagwerk wil beschikken.

Ga voor het actuele titeloverzicht naar **www.vanduurenmedia.nl**

Registreer uw boek!

Van Duuren Media biedt haar lezers een *unieke service*. Op de website **www.vanduurenmedia.nl** kunt u dit boek kosteloos registreren. Als klant van Van Duuren Media hebt u via de website toegang tot speciale gebieden met:

- Nieuwsberichten
- Interessante links
- Speciale e-zines en archieven

Registratiecode van deze titel:

CID-9123-8

Registreer u vandaag nog en krijg gratis toegang tot de discussiefora op de website van Van Duuren Media. Bovendien maakt u dan regelmatig kans op gratis boeken en leuke prijzen, en ontvangt u tweemaandelijks een speciaal e-zine van de auteur, met:

- Tips en trucs
- Extra informatie
- Wetenswaardigheden
- Besprekingen van vragen en antwoorden
- Nuttige links

Om te registreren:

- Ga naar **www.vanduurenmedia.nl**.
- Klik op **Registreer!**

Inhoud

Inhoud

Hoofdstuk 1
Vormen van video

Bij video denken we als eerste aan VHS oftewel aan de videorecorder. Dat is immers het medium dat we de afgelopen jaren hebben gebruikt om televisie-series op te nemen, om gehuurde films te bekijken, om te genieten van home-video's enzovoort. Met de komst van de dvd-speler (in de huiskamer) en de dvd-rewriter (in uw pc) heeft er een aardverschuiving plaatsgevonden. Graag praten we u bij!

Maar voordat we concreet worden, weten we te melden dat u te maken krijgt met de volgende videodragers: band, cd, dvd, vaste schijf en internet. In alle vijf deze gevallen praten we over videofragmenten die we als het ware kunnen vastpakken, zij het fysiek als VHS-cassette, zij het vluchtig als streaming video. Hoewel vluchtig? Voor de pc is streaming video net zo tastbaar als de VHS-cassette dat is voor u! Reden genoeg om te vergeten wat u al jaren weet, dus we beginnen met een schone lei...

Video op band

Voor wat betreft het op band bewaren van videofragmenten, beperken we ons tot de formaten die gangbaar zijn in de consumentensfeer. Per type videoband geldt steeds dat u over de bijbehorende speler moet beschikken. In sommige gevallen zijn er videospelers die verschillende formaten aankunnen.

- **Betamax**   In de jaren tachtig geïntroduceerd door Sony en een van de betere opslagmedia voor video. Toch heeft Betamax het moeten afleggen tegen VHS. Betamax-videorecorders worden nog steeds – zij het mondjesmaat – verkocht door Sony.

- **V2000**   Een videoformaat dat is ontworpen door Philips en Grundig. Een geweldige oplossing met een speelduur tot acht uur op een enkele cassette, perfect stilstaand beeld enzovoort. Helaas is het geflopt, want Betamax en VHS hebben het gewonnen van V2000.

- **VHS**   Is een afkorting van Video Home System. Het door JVC ontwikkelde VHS is het meest populaire opslagmedium en in bijna alle gezinnen is wel een VHS-videorecorder te vinden. Voor VHS (naar pc) kan gebruik worden gemaakt van een gewone (gele) tulpaansluiting (*composite*). Voor het audiosignaal gebruikt u de rode en de witte tulpstekkers.

VHS-C   Staat voor VHS Compact. VHS-C is een verkleinde versie van de grote VHS-tape, speciaal bedoeld voor draagbare videocamera's. VHS-C is beduidend minder populair dan Video8 en MiniDV. VHS-C-tapes kunnen met behulp van een hulpstuk worden afgespeeld in een gewone VHS-recorder.

S-VHS   Ook wel Super VHS genoemd. Een speciaal VHS-formaat dat het mogelijk maakt om in een zeer hoge resolutie te kunnen opnemen en afspelen. Hiervoor is wel een speciale vierpolige S-VHS-aansluiting nodig. De S-VHS-aansluiting vinden we ook op de betere camcorders en op tv-tunerkaarten in de pc.

Video8   Bedacht door Sony en kwalitatief te vergelijken met VHS; het signaal wordt met behulp van een gewone *composite* tulpaansluiting afgegeven, waarbij wel gebruik wordt gemaakt van een *scart*hulpstuk om Video8 op moderne tv's te kunnen tonen.

Hi8   Kwalitatief te vergelijken met S-VHS. Er is een S-VHS-aansluiting nodig om het signaal in de hoogste kwaliteit af te geven.

Digital8   Dit moet u zien als MiniDV, maar dan uitgevoerd op een cassette die het formaat van een Video8/Hi8 heeft. Een knappe Digital8-videocamera kan dan ook Video8 en Hi8 afspelen en dat maakt zo'n camera enorm veelzijdig.

MiniDV   Ontwikkeld door onder andere JVC en Sony. DV staat voor Digital Video. Verreweg het kleinste tapeformaat dat in digitale videocamera's wordt gebruikt. Omdat het beeld digitaal op de MiniDV-tape wordt opgeslagen, is er geen kwaliteitsverlies bij het kopiëren van de videobeelden. Ideaal voor gebruik met de pc.

Kijken we naar de afspeelkwaliteit en de afspeelmogelijkheden van de bovenstaande formaten, dan kunnen we de volgende indeling maken:

Kwaliteit	Opslagformaat	Uitvoer
Analoog, lage kwaliteit	Betamax, V2000, VHS, VHS-C, Video8	Composite
Analoog, hoge kwaliteit	S-VHS, Hi8	Composite, S-VHS
Digitaal, hoogste kwaliteit	Digital8, MiniDV	Composite, S-VHS, FireWire

Video op cd

Praten we over cd, dan praten we meteen digitaal. Voor wat betreft video op cd-rom zijn er twee formaten: VCD oftewel VideoCD en SVCD oftewel Super VideoCD. VCD en SVCD kunnen worden afgespeeld door alle dvd-spelers. In de onderstaande tabel tonen we de specificaties van de beide formaten:

	VCD	SVCD
Resolutie	352 x 288	480 x 576
Frames per seconde	25	25
Opslagformaat	MPEG-1	MPEG-2
Bitrate voor beeld	1150 kbps	2600 kbps
Schermformaat	4:3	4:3
Geluidformaat	MPEG-1, layer II stereo, 44,1 kHz	MPEG-1, layer II stereo, 44,1 kHz
Bitrate voor geluid	224 kbps	384 kbps

Het grootste verschil zit hem in de resolutie van de beide VCD-formaten. Verder maakt SVCD gebruik van MPEG-2-compressie, zodat er nóg meer videomateriaal in dezelfde opslagruimte kan worden geperst. Vergelijken we de kwaliteit van VCD en SVCD met die van videobanden, dan komt VCD ongeveer overeen met VHS en SVCD met S-VHS. We merken nog op dat er op een cd-r(w) tussen de 650 en de 800 MB aan gegevens kan worden opgeslagen.

Video op dvd

Video op dvd gaat nogal wat verder dan het domweg opslaan van een stroom videobeelden. Een dvd-video kan volledig interactief worden gemaakt inclusief de mooiste grafische menu's, meertalige ondertitels, diverse audiotracks enzovoort. Dit geeft al aan dat het creëren van een dvd-video een kunst op zichzelf is. Dvd-video heeft, als we het vergelijken met VCD en SVCD, de volgende specificaties:

	Dvd
Resolutie	720 x 576
Frames per seconde	25
Opslagformaat	MPEG-2
Bitrate voor beeld	Varieert

Schermformaat	4:3
Geluidformaat	Varieert
Bitrate voor geluid	Varieert

Zoals u ziet, is de resolutie van een dvd-video wéér hoger dan de resolutie van SVCD. Kijken we naar de gebruikte tapes, dan moet u weten dat de resolutie van in normale DV-kwaliteit op Digital8 en MiniDV bewaarde videobeelden niet geheel toevallig gelijk is aan die van dvd. Op een dvd-r(w) kan maar liefst 4,7 GB data worden opgeslagen.

Video op vaste schijf

Op het moment dat we niet langer zijn gebonden aan opslagcapaciteit en af-speelformaat, wordt het een stuk interessanter en ingewikkelder. We praten dan over de vaste schijf, over het besturingssysteem en over de vele honder-den programma's waarmee u audio en video kunt bewerken. De opslagcapa-citeit wordt bepaald door de grootte van de vaste schijf, dus dat kan in de honderden GB's lopen. Het afspeelformaat hangt af van de programmatuur die u gebruikt en van de zogeheten *codecs* die u binnen het besturingssysteem installeert. Een codec is een codeer/decodeerplug-in waarmee u allerlei subvi-deoformaten kunt afspelen en – meestal ook – zelf kunt aanmaken. U kunt een codec dan ook wel vergelijken met zip-compressie, zij het dat in dit spe-ciale geval de codecs alleen worden losgelaten op videobeelden. Codecs kun-nen automatisch worden opgehaald door Windows Media Player, maar ook moet u ze soms apart installeren. De meest beruchte codec voor AVI is DivX (**www.divx.com**). Met behulp van DivX is het namelijk mogelijk om een speelfilm in dvd-kwaliteit op één cd-r te persen! Vanaf het KaZaA P2P-net-werk kunt u duizenden DivX-speelfilms downloaden; zelfs speelfilms die nog maar net in de bioscoop draaien en dus nog lang niet op dvd verkrijgbaar zijn! We noemen de bekendste videoformaten voor normaal pc-gebruik:

- **AVI** Staat voor Audio Video Interleaved, maar is in de wandelgangen beter bekend als Video for Windows. AVI slaat de beelden als echte bit-maps op en RAW AVI (er wordt dan eigenlijk geen codec gebruikt) is dan ook de bestandsvorm die u gebruikt om videobeelden zonder kwali-teitsverlies op te slaan. RAW AVI neemt enorm veel opslagruimte in be-slag, maar is een ideaal uitgangspunt als u gaat converteren. Voor inter-netgebruik zijn AVI-bestanden (afhankelijk van de codec) eigenlijk te groot. AVI kent tientallen verschillende codecs die bepalend zijn voor het AVI-subformaat.

▓ **MPEG** Is de afkorting van Motion Picture Experts Group. In de regel wordt onderscheid gemaakt tussen MPEG-1 (VCD) en MPEG-2 (SVCD en dvd). MPEG gebruikt de extensies MPG, MPEG, M1V en MPV. MPEG kan dusdanig compact worden opgeslagen dat het formaat interessant genoeg is voor internet. Een MPEG-bestand moet eerst helemaal worden gedownload voordat het kan worden afgespeeld.

▓ **QuickTime** Heeft MOV als meest bekende bestandsextensie en om dit formaat te kunnen afspelen moet u de plug-in QuickTime for Windows downloaden vanaf de website van Apple (**www.apple.com**). Apple levert ook serversoftware waarmee QuickTime-video's realtime via internet kunnen worden vertoond.

Verreweg de meest populaire videobestandsformaten zijn natuurlijk AVI en MPEG. MPEG wordt in principe pas interessant op het moment dat de videobeelden worden overgezet op cd of dvd. Het grote voordeel van AVI is dat zo'n beetje alle videobewerkingsprogramma's ermee kunnen omgaan. Dat wil zeggen: als de bij het AVI-bestand behorende codec op de pc is geïnstalleerd. Voor AVI-, MPEG- en QuickTime-videobestanden geldt dat de films verschillende resoluties kunnen hebben. U bent dan ook niet (zoals bij VCD, SVCD en dvd) gebonden aan een vastomlijnd formaat.

Video op internet

Goed beschouwd kunnen alle videobestanden op internet worden gezet. Immers, het bekijken van een videofragment komt neer op het downloaden van een bestand en het starten van Windows Media Player. We noemen dat ook wel off line video. De tegenhanger is on line video oftewel het in realtime kunnen bekijken van de videobeelden. Daarbij kennen we een semirealtime oplossing waarbij de verwachte bandbreedte van tevoren wordt gecodeerd en een echte realtime oplossing waarbij een speciale server continu onderzoekt hoe snel de verbinding is en hoeveel gegevens er over de lijn kunnen. Dit laatste wordt ook wel *streaming* video genoemd. De onderstaande formaten komt u vaak tegen op internet:

▓ **ASF** Staat voor Advanced Streaming Format. Een streaming bestandsformaat dat geschikt is voor het lokale netwerk en internet. Een ASF-bestand hoeft niet eerst helemaal te worden opgehaald, het afspelen kan direct beginnen! Dit wordt verzorgd door een streaming server die ergens op internet draait. ASF-bestanden kunnen niet worden bewaard.

- **Real Networks** Denk hierbij aan Real Player, een bekende multimedia-speler die audio en video direct en in realtime van internet kan down-loaden en laten afspelen. Hiervoor is wel speciale serversoftware nodig. De kwaliteit wordt hierbij bepaald door de snelheid van de internetver-binding. De bestandsextensies zijn RM, RA en RAM. Wilt u meer we-ten, surf dan naar **www.real.com**.

- **WMV** Staat voor Windows Media Video. Dit bestandsformaat is func-tioneel identiek aan het eerder besproken ASF. In principe is WMV de vervanger van ASF. Bij het aanmaken van een WMV-bestand wordt de bitrate ingesteld, waarbij rekening wordt gehouden met de verwachte bandbreedte. WMV is een streaming bestandsformaat dat tijdens het downloaden kan worden bekeken. WMV kan – in tegenstelling tot RM – op de vaste schijf worden opgeslagen. (WMV is inmiddels populairder geworden dan ASF en Real Networks. En dat is logisch, want voor WMV is geen aparte server nodig.)

In een notendop

Tot zover, in een notendop, de belangrijkste wetenswaardigheden over video-formaten. Verder moet u weten dat het aansluiten van een videorecorder op een pc slechts een kwestie is van het verbinden van de juiste draden. We heb-ben composite, S-VHS en FireWire reeds genoemd. Composite en S-VHS zijn te vinden op tv-tunerkaarten, sommige VGA-kaarten en natuurlijk op de speciale insteekkaarten voor videobewerking. FireWire kennen we ook wel als IEEE 1394 en dergelijke insteekkaarten zijn voor enkele tientjes te koop in de computerwinkel. Sterker nog, de meeste moderne pc's zijn stan-daard al voorzien van USB 2.0 en FireWire. En over USB gesproken: moder-ne camcorders zijn voorzien van het verschijnsel *USB Streaming*. Hiermee kunt u de beelden van de camcorder realtime via USB overhalen naar de pc. Niet met de kwaliteit van FireWire, maar nog altijd goed genoeg voor inter-net. En dan hebben we het nog niet gehad over de webcam (USB) en over de mogelijkheid om een videorecorder op een tv-tunerkaart aan te sluiten met behulp van de coaxiale RF-kabel (*radio frequency*). Zijn de videobeelden, met wat voor hardwareoplossing dan ook, eenmaal op de vaste schijf van uw pc aangekomen, dan worden de vervolgmogelijkheden slechts beperkt door uw fantasie en door de software die u gebruikt!

Inleiding dvd-video

Neem eens een willekeurige video-dvd (ook wel dvd-video geheten) en plaats deze in de dvd-speler van de pc. Inderdaad, we gaan eerst op de pc aan het werk. Met behulp van een programma als het bekende CyberLink Power-DVD (wordt bijkans met iedere dvd-speler meegeleverd) kunt u dan het dvd-plaatje afspelen en daarbij kunt u gebruikmaken van de mogelijk inge-programmeerde filmmenu's. Dit alles is te bedienen met behulp van de soft-warematige afstandsbediening van CyberLink PowerDVD. Niet alleen dvd's zijn te bekijken met behulp van CyberLink PowerDVD, ook VCD's en SVCD's.

Afbeelding 1.1 *Een zeer belangrijke testcase: controleren of het dvd-plaatje überhaupt werkt. Als u een dvd-speler of een dvd-brander koopt, dan wordt het pakket CyberLink PowerDVD in negen van de tien gevallen meegeleverd. Zo niet, surf dan even naar www.cyberlink.com.*

Kunt u de video-dvd bekijken op uw pc, dan kunt u in ieder geval conclude-ren dat uw pc correct samenwerkt met de dvd-speler en dat de software goed is geïnstalleerd. En daarmee begint de ellende die dvd heet, want voordat u zelf aan de slag kunt met de dvd-rewriter, de dvd-plaatjes en de dvd-pro-grammatuur, moeten we u even bijpraten over het medium dvd. Er is name-lijk het nodige dat u tóch even moet weten…

Digital Versatile Disc

Dvd staat in eerste instantie voor "Digital Video Disc", maar omdat we de dvd hiermee tekort doen, is daar later ook wel "Digital Versatile Disc" van gemaakt. Immers, op een dvd-plaatje wordt veel meer opgeslagen dan video alleen. Dit alles neemt niet weg dat het voornamelijk videotoepassingen zijn waarvoor dvd (op dit moment) wordt gebruikt. Praten we over dvd-plaatjes, dan moeten we onderscheid maken tussen het fysieke formaat (wat voor materiaal?) van het plaatje en het applicatieformaat (welke toepassing?). Verschillende fysieke formaten zijn dvd-r/rw, dvd+r/rw en dvd-ram. Verschillende applicatieformaten zijn dvd-video, dvd-audio en dvd-rom. Dvd-video is, zoals gezegd, het applicatieformaat dat het meest populair is. We noemen een aantal belangrijke mogelijkheden van dvd-video:

- Ruim twee uur digitale video in hoge kwaliteit op een single-sided (SS), single-layer (SL) dvd-plaatje; of acht uur digitale video op VHS-kwaliteit. Op een double-sided (DS), dual-layer (DL) dvd-plaatje past ruim acht uur digitale video, of 32 uur digitale video op VHS-kwaliteit.

- Ondersteuning voor breedbeeldspeelfilm op standaard- (4:3) en breedbeeldtelevisietoestellen (16:9).

- Tot acht verschillende audiosporen. Tot 32 verschillende ondertitelings- en karaokesporen.

- Menumogelijkheden om eenvoudige interactieve toepassingen te programmeren.

- Direct heen en weer spoelen. Zoeken op titel, hoofdstuk en tijdcode.

Op een dvd-video wordt de digitale video opgeslagen in het MPEG-2-formaat. Ook MPEG-1 kan worden gebruikt, maar dan hebben we in de regel te maken met VHS-kwaliteit in plaats van met dvd-kwaliteit. Als u zelf dvd-video's wilt creëren en/of kopiëren, dan moet u met de volgende zaken rekening houden:

- Dvd-video's kennen mogelijk een regiocode en een kopieerbeveiliging.

- De MPEG-2-codering van dvd-video's kan wel eens slecht zijn uitgevoerd, waardoor de videobeelden kwalitatief tekortschieten.

- Dvd-spelers kunnen recordable cd's en/of recordable dvd's niet altijd lezen.

- Dvd-spelers kunnen de dvd-r/rw- en de dvd-ram-plaatjes niet altijd lezen. De dvd+r/rw-plaatjes worden dan wel geaccepteerd.

Regiocode

Een onderdeel van de kopieerbeveiliging van de dvd-video is de regiocode, ook wel de *regional codes*, de *country codes* of de *zone locks* genoemd. Deze regiocode wordt gebruikt om ervoor te zorgen dat dvd-speelfilms alleen in bepaalde regio's kunnen worden afgespeeld. Is de dvd-speler niet regiovrij (gemaakt), dan kan deze alleen dvd-speelfilms afspelen die voor de eigen regio zijn bedoeld. Zodoende kunnen de filmmaatschappijen zelf bepalen waar welke dvd-speelfilms worden uitgebracht en tevens kunnen ze spelen met de verkoopprijzen. Dvd-video's die u zelf creëert, kennen geen regiocode en kunnen overal worden afgespeeld. We kennen de volgende regio's:

- 1: Verenigde Staten en Canada.

- 2: Japan, Europa, Zuid-Afrika en het Midden-Oosten.

- 3: Zuidoost-Azië en Oost-Azië.

- 4: Australië, Nieuw Zeeland, Oceanië, Centraal-Amerika, Mexico, Zuid-Amerika en de Caraïben.

- 5: Oost-Europa, India, Afrika, Noord-Korea en Mongolië.

- 6: China.

- 7: Gereserveerd.

- 8: Vliegtuigen, cruiseschepen enzovoort.

Beeldlijnen en kopieerbeveiliging

Los van de bovengenoemde regiocodes hebben we ook te maken met NTSC en PAL, wat te maken heeft met de televisietoestellen waarop de dvd-speelfilm moet worden getoond. In de Verenigde Staten gebruikt men NTSC (525 beeldlijnen, 60 Hertz, 720 x 480 dvd-resolutie), in Europa gebruikt men PAL (625 beeldlijnen, 50 Hertz, 720 x 576 dvd-resolutie). Dit is iets om rekening mee te houden als u een dvd-video gaat samenstellen.

We gaan verder met de dvd-kopieerbeveiliging die we kunnen vatten onder de noemer CPSA, wat staat voor Content Protection System Architecture. We kennen diverse mogelijkheden waarmee dvd-speelfilms worden beveiligd tegen kopiëren. Dit zijn de meest bekende:

- **ACPS oftewel Analog Colorstripe Protections System**   Dit kan zorgen voor strepen, zwart/wit-beelden en licht/donker-overgangen tijdens het kopiëren van de speelfilm.

- **CGMS oftewel Copy Generation Management System** Dit wordt gebruikt om kopieën van kopieën te voorkomen. Kan worden herkend door de opnameapparatuur die vervolgens aangeeft dat kopiëren verboden is.

- **CSS oftewel Content Scrambling System** Een encryptietechniek die het onmogelijk moet maken om een digitale één-op-éénkopie van een dvd-plaatje te maken. Deze techniek maakt gebruik van decodeersleutels die op de dvd-plaatjes gevonden kunnen worden. Dvd-spelers hebben firmware aan boord waarmee CSS kan worden gedecodeerd.

En om nog even terug te komen op NTSC en PAL, kunt u hier nalezen welke resoluties met welke compressietechniek kunnen worden toegepast:

- MPEG-1 (NTSC): 352 x 240.

- MPEG-1 (PAL): 352 x 288.

- MPEG-2 (NTSC): 720 x 480, 704 x 480, 352 x 480, 352 x 240.

- MPEG-2 (PAL): 720 x 576, 704 x 576, 352 x 576, 352 x 288.

Opslagcapaciteit

Een dual-layer dvd maakt gebruik van twee gegevenslagen. Een van deze gegevenslagen is semi-transparant, zodat de laser er doorheen kan kijken om zodoende de tweede gegevenslaag te kunnen lezen. De twee gegevenslagen bevinden zich aan dezelfde kant van het dvd-plaatje, wat betekent dat er twee keer zoveel gegevens kunnen worden weggeschreven als op een single-layer dvd. Een dual-side dvd is aan beide kanten beschreven en kan dan ook worden omgedraaid. Een dual-side dvd kan ook twee keer zoveel gegevens bevatten als een single-side dvd. Een dual-side dvd heeft dan ook geen opdruk. Als u op de verpakking van een cd-r(w) of een dvd-r(w) kijkt, dan wordt er altijd een opslagcapaciteit genoemd. Op een dvd zien we regelmatig het getal 4.70 staan. Dit slaat op het aantal miljarden bytes en dat is decimaal gezien. Praten we in termen van pc's en dus GB's, dan moeten we rekenen met 1024 in plaats van met 1000. Dit levert de volgende voor ons geldende getallen op:

- cd-rom (8 cm, SS/SL) 0,180 GB

- cd-rom (12 cm, SS/SL) 0,635 GB

- dvd-1 (8 cm, SS/SL) 1,36 GB

- dvd-2 (8 cm, SS/DL) 2,47 GB

- dvd-3 (8 cm, DS/SL) 2,72 GB

- dvd-4 (8 cm, DS/DL) 4,95 GB

- dvd-5 (12 cm, SS/SL) 4,37 GB

- dvd-9 (12 cm, SS/DL) 7,95 GB

- dvd-10 (12 cm, DS/SL) 8,74 GB

- dvd-14 (12 cm, DS/ML) 12,32 GB

- dvd-18 (12 cm, DS/DL) 15,90 GB

- dvd-r 1.0 (12 cm, SS/SL) 3,68 GB

- dvd-r 2.0 (12 cm, SS/SL) 4,37 GB

- dvd-r 2.0 (12 cm, DS/SL) 8,75 GB

- dvd-rw 2.0 (12 cm, SS/SL) 4,37 GB

- dvd-rw 2.0 (12 cm, DS/SL) 8,75 GB

- dvd+r 2.0 (12 cm, SS/SL) 4,37 GB

- dvd+r 2.0 (12 cm, DS/SL) 8,75 GB

- dvd+rw 2.0 (12 cm, SS/SL) 4,37 GB

- dvd+rw 2.0 (12 cm, DS/SL) 8,75 GB

- dvd-ram 1.0 (12 cm, SS/SL) 2,40 GB

- dvd-ram 1.0 (12 cm, DS/SL) 4,80 GB

- dvd-ram 2.0 (12 cm, SS/SL) 4,37 GB

- dvd-ram 2.0 (12 cm, DS/SL) 8,75 GB

- dvd-ram 2.0 (8 cm, SS/SL) 1,36 GB

- dvd-ram 2.0 (8 cm, DS/SL) 2,47 GB

De gebruikte afkortingen zijn: SS = single-sided. DS = dual-sided. SL = single layer. DS = double layer. ML = mixed layer. Voor nu willen we opmerken dat u in principe aan de slag gaat met de dvd+r 2.0 (12 cm, SS/SL) 4,37 GB en/of de dvd+rw 2.0 (12 cm, SS/SL) 4,37 GB. Deze dvd-plaatjes worden gebruikt door de dvd-rewriters die min of meer de standaard zijn geworden. Tevens zijn ze te lezen door zo goed als alle dvd-spelers.

VCD, SVCD of dvd?

Een dvd-speler kan speelfilms afspelen die in de formaten VCD (VideoCD), SVCD (Super VideoCD) en dvd op een plaatje zijn ingebrand. VCD en SVCD zien we normaal alleen op cd-r/cd-rw en dvd hoort thuis op een dvd+r/dvd+rw. Het allergrootste verschil tussen de genoemde formaten is de afspeelresolutie oftewel het aantal pixels. Kijken we naar PAL – het Europese systeem – dan zien we de onderstaande specificaties:

	VCD	SVCD	Dvd
Resolutie	352 x 288	480 x 576	720 x 576
Frames per seconde	25	25	25
Beeldformaat	MPEG-1	MPEG-2	MPEG-2
Bitrate voor beeld	1150 kbps	2600 kbps	Varieert
Schermformaat	4:3	4:3	4:3
Geluidformaat	MPEG-1, layer II stereo, 44,1 kHz	MPEG-1, layer II stereo, 44,1 kHz	Varieert
Bitrate voor geluid	224 kbps	384 kbps	Varieert

Zoals u ziet, hebben we bij een dvd verschillende opties voor wat betreft de bitsnelheden (*bitrate*) en het geluid. Voor wat betreft het geluid, kunnen we ook surround sound kwijt op een dvd en dat kost natuurlijk de nodige opslagruimte. Met behulp van speciale bitratecalculators komt u te weten hoeveel ruimte er over is op een dvd-plaatje van 4,37 GB. Afhankelijk van de lengte van de speelfilm is dan op te geven welke bitrate u gaat gebruiken. En hoe hoger de bitrate is, des te beter is de kwaliteit van de speelfilm. Met de bitrate geven we namelijk aan hoeveel kB per seconde kan worden gebruikt om 25 frames in op te slaan. Hoe meer kB's u ter beschikking stelt, des te fraaier kunnen de beelden worden opgebouwd. Maar die kB's moeten natuurlijk wel op tijd kunnen worden aangeleverd bij de processor. De bovenstaande informatie hoeft u overigens slechts ter kennisgeving aan te nemen.

Indeling dvd-video

Tot bijna zover de belangrijkste dvd-wetenswaardigheden op een rijtje. Er is echter nog iets waar we iets meer over moeten vertellen en dat is de indeling van een dvd-video. U kunt Windows Verkenner gebruiken om een dvd-video te benaderen. Dat is een kwestie van dubbelklikken op **Deze compu-ter**. Vervolgens klikt u met de rechtermuisknop op het pictogram van de dvd-speler (een dvd-plaatje is uiteraard ingestoken!), waarna u de optie **Ver-**

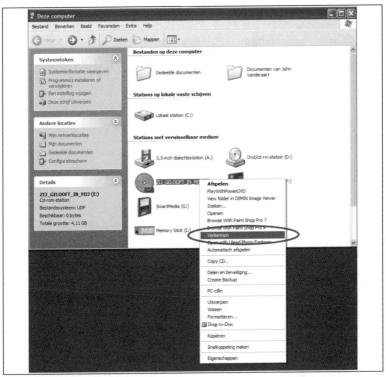

Afbeelding 1.2 *Er is een dvd-plaatje in de dvd-speler gestoken. En zoals u ziet, geeft het label al aan dat we met een dvd-video te maken hebben. Klik met de rechtermuisknop en kies Openen.*

kennen kiest. Windows Verkenner wordt nu gestart en u ziet meteen de twee mappen AUDIO_TS en VIDEO_TS staan. We hebben met een dvd-video te maken en we concentreren ons dan ook op de map VIDEO_TS.

Wat is het geval? In de map VIDEO_TS zien we nogal wat onduidelijke be-standen staan. Hoewel? In combinatie met elkaar vormen die bestanden de speelfilm die op het dvd-plaatje staat. Een dvd-speelfilm wordt namelijk in-gepakt in een aantal zogeheten VOB-bestanden. En denkt u niet dat u met alleen een speelfilm te maken hebt, want ook zaken als geluid en ondertite-ling worden meegenomen in de VOB-bestanden. Anders nog iets? Jazeker, de nodige BUP- en IFO-bestanden. Een IFO-bestand bevat menu's en ande-re informatie omtrent audio en video. VOB-bestanden bevatten niet-MPEG-2-gegevens maar ook informatie waarmee u kunt zoeken en navige-

Afbeelding 1.3   *We kijken naar de inhoud van een dvd-video. Het gaat om de bestanden die in de map VIDEO_TS worden gevonden. Iedere dvd-speelfilm heeft een map VIDEO_TS en steeds weer komt u de BUP-, IFO- en VOB-bestanden tegen.*

ren op het dvd-plaatje. BUP-bestanden zijn veiligheidskopieën van de IFO-bestanden. Nu reeds merken we op dat het creëren van een dvd-video neerkomt op het correct inrichten van de map VIDEO_TS. Dan kunt u nu reeds bedenken dat dit meer om het lijf heeft dan alleen het aanleveren van een MPEG-2-bestand. Daarover later nog véél meer...

Indeling SVCD

De indeling van een dvd-video is natuurlijk ingewikkelder dan de indeling van een SVCD of een VCD. Daarom gaan we nu een klein stapje terug naar de SVCD waarop de speelfilm, net als bij een dvd-video, als MPEG-2 is weggeschreven. Als we een SVCD openen met behulp van Windows Verkenner, dan zien we in de hoofdmap de volgende vier submappen: EXT, MPEG2, SEGMENT en SVCD. De twee submappen die zijn gevuld, blijken MPEG2 en SVCD te zijn. In de submap MPEG2 komen we overduidelijk een MPEG-2-bestand tegen dat (als u er met de rechtermuisknop op

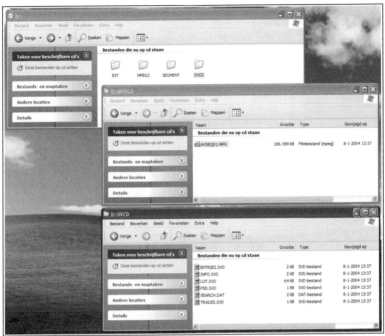

Afbeelding 1.4 *Kijk naar de manier waarop een SVCD is ingericht. De belangrijkste map is natuurlijk MPEG2, want hierin is het videofragment terug te vinden. Een videofragment van – zoals u ziet – circa 100 MB.*

klikt) kan worden afgespeeld met Windows Media Player. De submap SVCD bevat kennelijk de huishouding voor het project...

Indeling VCD

We doen nog een stapje terug en wel naar de VCD. Op een VCD vinden we een film die is opgeslagen als MPEG-1. Kijken we naar de inrichting van de hoofdmap van het cd-plaatje, dan zien we, ten opzichte van de SVCD, maar weinig verschillen. De submappen heten nu EXT, MPEGAV, SEGMENT en VCD. In de submap MPEGAV komen we een DAT-bestand tegen dat ongetwijfeld een MPEG-1-datastroom zal bevatten. De submap VCD is voorzien van enkele bestanden die de VCD-player op weg moeten helpen.

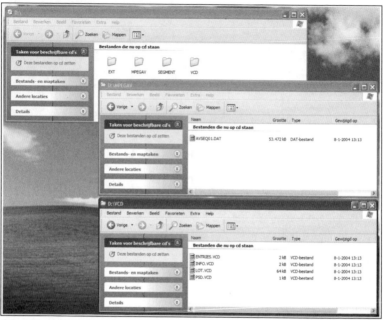

Afbeelding 1.5 *De indeling van een VCD is te vergelijken met de indeling van een SVCD, zij het dat de submappen een iets andere naam hebben gekregen. Verder zien we een MPEG-1- in plaats van een MPEG-2-bestand.*

Alles-in-een

Tot slot willen we u graag confronteren met een willekeurig videobewerkingsprogramma waarmee u zowel VCD's, SVCD's als dvd-video's kunt creeren: Pinnacle Studio 8. Pinnacle Studio 8 kan een groot aantal videobestanden inlezen en tevens kan het overweg met Composite Video, S-VHS en FireWire. Hoewel? Welke hardware-ingangen worden ondersteund is afhankelijk van de configuratie van uw pc en van de gekozen Pinnacle-oplossing. Maar daar gaat het niet om. Op het moment dat een speelfilm is overgehaald of een videofilm is gemonteerd, is de keuze voor VCD, SVCD of dvd niet meer dan het plaatsen van het juiste vinkje. Voor de software maakt het namelijk weinig uit naar wat voor een plaatje u uw videofragmenten wegschrijft. Wel zijn er wat verschillen bij de specifieke instellingen. Zo kunt u bij SVCD en dvd (daarbij wordt MPEG-2 gebruikt) bijvoorbeeld opgeven hoe hoog de bitrate mag worden. Hoe meer bits (uiteindelijk MB's) u per tijdseenheid gebruikt, des te beter is de kwaliteit van het uiteindelijke resultaat; zij het dat er minder minuten op een plaatje passen.

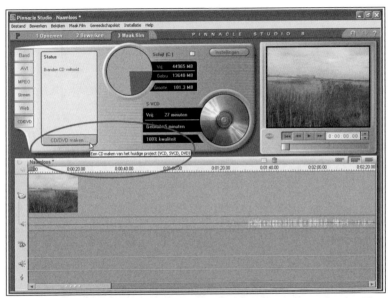

Afbeelding 1.6 *Pinnacle Studio 8 is een van de meest gebruikte videobewerkingspakketten die er te koop zijn. Links in beeld is te zien naar welke media we de bewerkte videofragmenten kunnen wegschrijven. Van 'terug naar tape' tot en met VCD, SVCD en dvd. Hierbij merken we op dat VCD, SVCD en dvd handig over één kam worden geschoren.*

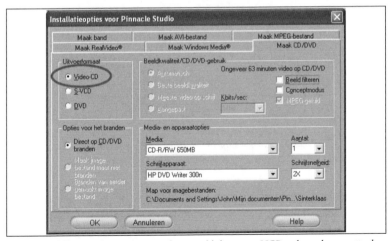

Afbeelding 1.7 *Op dit moment wordt ingesteld dat er een VCD zal worden gecreëerd. Veel meer valt er verder niet in te stellen, omdat het VCD-formaat zeer strak is omschreven.*

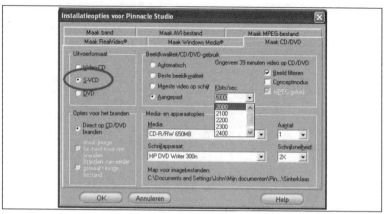

Afbeelding 1.8 *Het wordt een ietsje ingewikkelder. Bij een SVCD kan ook de filmkwaliteit worden ingesteld. Hoe meer bits per seconde u instelt, hoe beter de kwaliteit van de videobeelden zal zijn.*

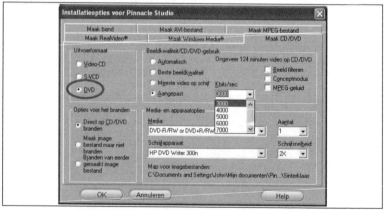

Afbeelding 1.9 *De instellingen van een dvd verschillen niet enorm van de instellingen van een SVCD. Omdat een dvd-plaatje (4,7 GB) veel meer gegevens kan bevatten dan een cd-plaatje (700 MB), kunt u het aantal bits per seconde ruim instellen.*

Voor nu hoeft u alleen te onthouden dat VCD, SVCD en dvd niet enorm veel verschillen; hierbij praten we natuurlijk over het maakproces met de pc. Wat dat betreft, is het goed om te weten dat het uiteindelijk niet uitmaakt van welke hardware en/of software u gebruikmaakt. Welke wegen u ook zult bewandelen, het eindresultaat is een cd- of een dvd-plaatje dat aan de hierboven gestelde voorwaarden voldoet.

Hoofdstuk 2
Snel van video naar cd/dvd

U hebt vast nog wel een enorme stapel video's liggen. Video8-tapes gevuld met vakantiebeelden en VHS-banden met daarop uw favoriete speelfilms zijn zomaar enkele voorbeelden. Inmiddels hebt u een dvd-speler in de huiskamer staan en zoals u weet, kunt u daarmee video-cd's en dvd-video's bekijken. Voor Windows zijn enorm veel programma's te krijgen waarmee u video op cd en dvd kunt zetten. Maar voordat het zover is, moeten de juiste kabels op precies de goede manier worden aangesloten.

Datadragers

Laten we niet te hard van stapel lopen. Voordat we gaan beginnen met het aansluiten van videoapparatuur op de computer, willen we eerst de datadragers laten zien. Juist, de videotapes, de cd-r(w)'s en de dvd-r(w)'s.

Afbeelding 2.1 *Hier ziet u de drie meest gebruikte videotapes: de grote VHS-band, de compacte Video8/Hi8/Digital8-tape en de wel héél erg kleine MiniDV-cassette. VHS-banden gaan in de videorecorder. Video8, Hi8, Digital8 en MiniDV worden voornamelijk door camcorders gebruikt. VHS, Video8 en Hi8 zijn analoog. Digital8 en MiniDV zijn digitaal.*

Afbeelding 2.2 *Praten we over het zelf inbranden van cd-roms, dan zien we de eenmalig te beschrijven cd-r (recordable) en de meermalen opnieuw te gebruiken cd-rw (rewritable). Een cd-rw is wat duurder dan een cd-r, maar dan kunt u zich wel een inbrandfoutje veroorloven... Zowel cd-r's als cd-rw's zijn verkrijgbaar in verschillende opslagcapaciteiten, het meest gangbaar zijn 650 MB en 700 MB. Op een cd-plaatje kunt u VCD, SVCD en (zoals dat heet) Mini-dvd-video inbranden.*

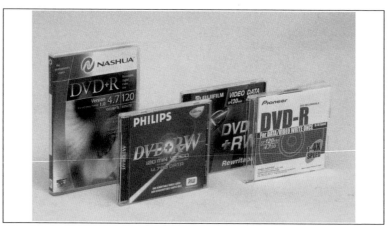

Afbeelding 2.3 *Dvd-plaatjes zien we alleen met 4,7 GB opslagruimte. De meest bekende formaten zijn dvd+r, dvd-r, dvd+rw en dvd-rw. Het is afhankelijk van uw dvd-rewriter of u plus- of min-dvd-schijfjes nodig hebt. Hoewel? Op dit moment worden er ook al dvd-rewriters geleverd die beide formaten aankunnen. De dagelijkse praktijk heeft uitgewezen dat de min-plaatjes zijn te verkiezen boven de plus-plaatjes. Op een dvd-plaatje kunt u dvd-video inbranden.*

Afspeelapparatuur

Het volgende onderwerp dat we met u willen doornemen is de afspeel-/op-
nameapparatuur. Wij zijn meer geïnteresseerd in het afspelen dan in het opnemen, maar het is toch goed om te zien waar u mee te maken krijgt als u
zelf videobeelden gaat vastleggen. Dat kan namelijk op nogal wat verschillende manieren!

Afbeelding 2.4   *Hier van links naar rechts een Hi8-camcorder, een Digital8-camcorder,
een MiniDV-camcorder en – als vreemde eend in de bijt – de digitale fotocamera waarmee we, naast de obligate foto's, ook MPEG-films kunnen maken.*

Afbeelding 2.5   *Hi8- en Digital8-camcorders kunnen allebei overweg met Video8- en
Hi8-tapes. De Hi8-camcorder heeft Composite en S-VHS als uitgangen. De Digital8-
camcorder kan naast analoog (Video8 en Hi8) afspelen ook digitaal opnemen en afspelen
(Digital8). Deze Digital8-camcorder heeft Composite, S-VHS, USB en FireWire als
uitgangen.*

Afbeelding 2.6 *De MiniDV-camera met de bijbehorende MiniDV-tape. Dit is 100 procent digitaal, zowel opnemen als afspelen. Als uitgangen hebben we te maken met Composite, S-VHS en FireWire.*

Afbeelding 2.7 *De digitale fotocamera bewaart z'n MPEG-bestanden op een Memory Stick. Dit praktische meeneemgeheugen kan worden uitgelezen met behulp van een USB-kabel die de digitale fotocamera met de pc in verbinding brengt. Ook kunt u gebruikmaken van een interne (USB) of externe (USB, FireWire) kaartlezer die direct op de pc wordt aangesloten.*

Aangesloten op de pc

U hebt de datadragers en ook de afspeelapparatuur gezien. De volgende stap is het in contact brengen van de afspeelapparatuur met de pc. Voordat een pc overweg kan met het signaal van een videoapparaat, moeten er mogelijk enige aanpassingen worden gemaakt. Wellicht de onderstaande aanpassingen, die afhankelijk zijn van het signaal dat u in de aanbieding hebt:

Afbeelding 2.8 *En wat te denken van de videorecorder? In dit geval een exemplaar dat overweg kan met zowel Hi8- als met VHS-tapes. De meeste videorecorders hebben Composite (Video Out) en RF (Radio Frequency) als uitgangen. Kan de videorecorder ook overweg met Hi8 en/of S-VHS, dan vindt u vanzelfsprekend ook S-VHS als uitgang. In geval van RF loopt het videosignaal van de videorecorder eveneens via de coaxkabel. Het hierbij gebruikte videokanaal moet dan wel worden afgestemd met behulp van de tv-tuner.*

■ Een RF-signaal kunt u binnenhalen met behulp van een tv-tuner. Het signaal van de kabel of de antenne wordt dan doorgelust via de videorecorder. Een tv-tuner is verkrijgbaar als insteekkaart, maar ook als externe USB-oplossing. Er zijn zelfs VGA-kaarten verkrijgbaar die van een aangebouwde tv-tuner zijn voorzien. Voor wat betreft het audiogedeelte worden de meeste tv-tuners intern of extern aangesloten op de geluidskaart.

■ Een composite-signaal kunt u binnenhalen met behulp van een tv-tuner (mits deze is voorzien van Composite In oftewel Video In), met behulp van een analoge videodigitizer, maar ook met behulp van een VGA-kaart die is voorzien van een Video In-aansluiting. Een analoge digitizer is verkrijgbaar als insteekkaart, maar ook als externe USB-oplossing. Audio wordt apart gedigitaliseerd en loopt via de geluidskaart.

■ Een S-VHS-signaal (is kwalitatief beter dan composite) wordt meestal ingelezen met behulp van een analoge videodigitizer. Dat neemt niet weg dat er ook tv-tuners en VGA-kaarten bestaan die zijn voorzien van een S-VHS In-aansluiting. Ook nu weer geldt dat het geluid apart moet worden gedigitaliseerd met behulp van de geluidskaart.

Sony heeft het fenomeen USB Streaming in de markt gezet. Hiermee kunt u de camcorder zijn beelden via USB laten afgeven. Op deze manier kunnen we videofragmenten in lage resolutie in realtime overhalen naar de pc. Ook kan de camcorder op deze manier als webcam worden ingezet. Verder wordt USB gebruikt om geheugenkaartlezers op aan te sluiten. Alle moderne pc's zijn standaard voorzien van een USB-poort. Mogelijk dat Highspeed USB oftewel USB 2.0 apart moet worden bijgeprikt.

Verder kennen we DV Out dat wordt aangesloten op een FireWire-insteekkaart. FireWire, officieel IEEE 1394 genoemd, is reeds dusdanig populair dat de nieuwste pc's hier standaard van zijn voorzien. Een kale FireWire-insteekkaart kost slechts een paar tientjes en u kunt er tevens vaste schijven en geheugenkaartlezers op aansluiten. Er zijn ook meer complete FireWire-oplossingen die worden aangeboden door de makers van videoproducten. Op dergelijke insteekkaarten is dan extra logica te vinden, zoals Video In, Video Out enzovoort.

Videorecorderuitgangen

Zo dadelijk worden we concreet, maar eerst willen we laten zien hoe de diverse afspeelapparaten hun signaal afgeven. We beginnen met de uitgangen van de videorecorder.

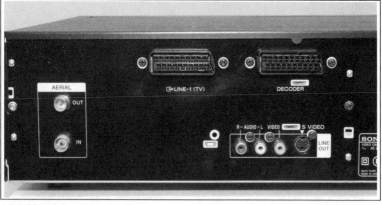

Afbeelding 2.9   *Dit is de achterkant van de videorecorder. We zien van links naar rechts de volgende uitgangen: RF, scart, Composite en S-VHS. Scart is overigens hetzelfde als Composite (inclusief audio), maar dan hebt u wel een speciaal verloopstuk nodig.*

Afbeelding 2.10 *Dit is zo'n verloopstuk waarmee u scart ombouwt naar composite video en twee keer audio (want stereo). Een accessoire zoals deze kunt u in de reguliere witgoedhandel kopen. Sterker nog, u zult vele tientallen verloopstukken tegenkomen die geschikt zijn voor allerlei audio- en videosignalen. De moeite waard om ze allemaal eens van dichtbij te bekijken.*

Camcorderuitgangen

De camcorder kan veelzijdiger zijn dan u denkt. Natuurlijk, van een gewone Video Out zijn alle draagbare videocamera's wel voorzien. Maar er is meer...

Afbeelding 2.11 *Hier ziet u de uitgangen van een modale camcorder, met helemaal bovenin de S-VHS-uitgang. Dit is een speciaal kabeltype dat gebruikmaakt van vier draden, waardoor er een kwalitatief beter signaal kan worden afgegeven. Er loopt geen audio over S-VHS. Verder zien we de gele Composite Out of Video Out. Dit signaal is kwalitatief minder dan S-VHS, alleen al omdat er slechts twee draden voor worden gebruikt. De rode en de witte uitgangen zijn voor het stereo-audiosignaal en deze dienen apart te worden weggehaald.*

Afbeelding 2.12 *Deze Digital8-camcorder is wat geavanceerder dan de Video8/Hi8-camcorder en dat komt tot uiting in het aantal uitgangen voor video. Van links naar rechts zien we S-VHS, Audio/Video Out (is een verloopkabel voor nodig), FireWire (DV Out) en USB. Het gaat om een digitale camcorder en dat betekent dat voornamelijk gebruik wordt gemaakt van FireWire. Deze camcorder heeft overigens alleen DV Out, wat betekent dat de pc de door u bewerkte videofragmenten niet kan terugschrijven!*

Afbeelding 2.13 *Ook de MiniDV-camcorder is voorzien van de nodige uitgangen. USB ontbreekt weliswaar, maar toch beschikken we nog steeds over van boven naar beneden FireWire, Audio/Video Out en S-VHS. Deze camcorder beschikt over zowel DV Out als DV In. Terugschrijven is dus mogelijk.*

Uitgang van de digitale fotocamera

Voor wat betreft de digitale fotocamera vragen we even uw aandacht! De meest gebruikte manier van gegevensoverdracht is USB. Via USB worden de gemaakte foto's – die zijn opgeslagen als echte bestanden – overgehaald naar de vaste schijf van uw pc. Het is ook mogelijk dat deze overdracht via een infrarood oog of met behulp van een *docking station* gebeurt. Een aantal digitale fotocamera's heeft zelfs een Video-uitgang, maar die wordt eigenlijk alleen gebruikt als u de beelden direct op de televisie wilt vertonen. Dit neemt niet weg dat de Video Out wel degelijk kan worden opgenomen (*gecaptured*) door de pc; de kwaliteit is dan wel véél minder.

Afbeelding 2.14 *Deze USB-uitgang wordt gebruikt om verbinding te kunnen maken met het geheugen van de digitale fotocamera. De benodigde USB-kabel is sterk merkaf- hankelijk en moet altijd bij aankoop worden meegeleverd. De USB-uitgang van een digi- tale fotocamera kan op twee manieren werken: de geheugenkaart kan net zoals een vaste schijf worden benaderd of er is speciale en standaard meegeleverde software nodig om de kaart te lezen. De eerste methode is natuurlijk te verkiezen, want dan kunt u uw digitale camera zonder problemen op iedere Windows XP-computer aansluiten.*

Voorbeeld 1: RF naar pc

De eerste opstelling die we u laten zien is die waarbij we het RF-signaal van de videorecorder (zou ook de kabeltelevisie kunnen zijn!) overhalen naar de pc. Hiervoor moet de computer van een interne of een externe tv-tuner zijn voorzien.

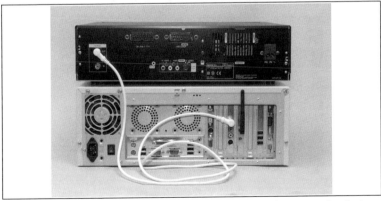

Afbeelding 2.15 *U herkent de witte coaxkabel vast wel! Logisch, want u gebruikt deze kabel (lees: draad) ook als u uw videorecorder of uw huiskamertelevisie aansluit op het ka- belsignaal. We sluiten de RF Out van de videorecorder aan op de RF In van de tv-tuner- kaart. Zo eenvoudig is dat...*

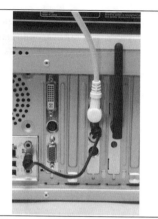

Afbeelding 2.16   *Natuurlijk moet u niet vergeten om het audiosignaal van de tv-tuner-kaart door te lussen naar de geluidskaart. Via het RF-signaal komen video en audio binnen bij de tv-tunerkaart. Dezelfde tv-tunerkaart zorgt voor het digitaliseren van de videobeelden. Het digitaliseren van het audiosignaal wordt echter overgelaten aan de geluidskaart. Vandaar het doorkoppelen.*

Voorbeeld 2: Composite naar pc

De tweede opstelling is het doorgeven van een gewoon videosignaal (Composite Out, ook wel Video Out genoemd) naar de pc. Eerder al hebben we u attent gemaakt op de gele kabel (Video Out), de rode kabel (Audio Out – rechterkanaal) en de witte kabel (Audio Out – linkerkanaal). Kijkt u mee?

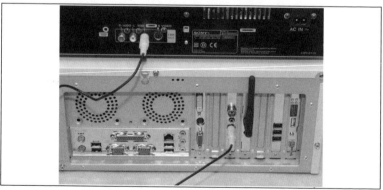

Afbeelding 2.17   *We beginnen met de Video Out van de videorecorder die wordt aangesloten op de Video In van in dit geval de tv-tunerkaart. Let wel, dit had ook de Video In van een VGA-kaart of een analoge digitizer kunnen zijn. Goed beschouwd hoeft u maar één ding te onthouden: "geel gaat naar geel."*

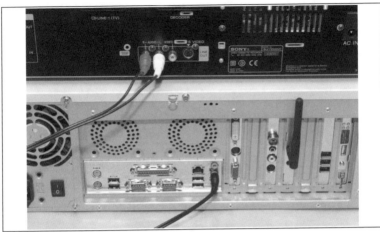

Afbeelding 2.18 *We vergeten het videogedeelte even. Nu houden we ons bezig met het stereo-audiosignaal dat we aansluiten op de geluidskaart van de pc. Hiervoor maakt u gebruik van een speciale verloopkabel die de twee dikke tweepolige tulppluggen ombouwt naar een kleine driepolige (de aarde wordt nu gedeeld) DIN-plug. In dit geval gaat Audio Out van de videorecorder naar Line In van de geluidskaart. Precies dezelfde kabel kunt u ook gebruiken om de Line Out van de geluidskaart aan te sluiten op de Line In van een Hifi-versterker of de Audio In van de videorecorder.*

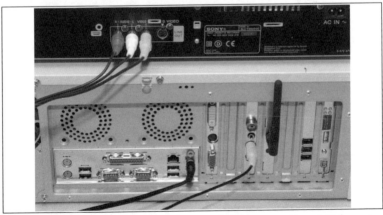

Afbeelding 2.19 *Hier ziet u hoe we video en audio hebben gecombineerd. Video gaat naar de tv-tunerkaart. Audio gaat naar de geluidskaart. Dit is de aansluiting waarmee u het composite-signaal van de videorecorder kunt opnemen met behulp van de pc.*

Afbeelding 2.20 *Weet u het nog, de scartaansluiting van de videorecorder en dat speciale verloopstukje? Op dit moment hebben we de scartaansluiting van de videorecorder omgebouwd naar Video Out en twee keer Audio Out.*

Afbeelding 2.21 *We kunnen nu ook via scart in contact komen met de tv-tunerkaart en met de geluidskaart. Gewoon om even te laten zien hoe het ook anders kan...*

Voorbeeld 3: S-VHS naar pc

S-VHS is bijna hetzelfde als Composite, zij het dat de aansluiting en de beeldkwaliteit respectievelijk anders en beter zijn. Het aansluiten van S-VHS verschilt amper van het aansluiten van Composite.

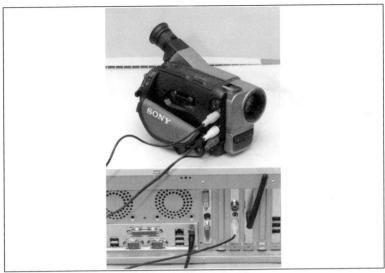

Afbeelding 2.22   *Nee, we nemen u niet in de maling! Maar we laten tóch nog even zien hoe we Composite Out oftewel Video Out aansluiten op de pc. Dat hebt u al eerder gezien...*

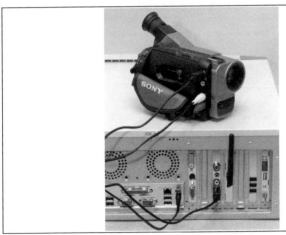

Afbeelding 2.23   *Hier ziet u het aansluiten van S-VHS van diezelfde camcorder op diezelfde pc. We maken slechts gebruik van een andere kabel (een S-VHS-kabel) die we aansluiten op de S-VHS Out van de camcorder en vervolgens op de S-VHS In van de tv-tunerkaart. Kan de videorecorder of de camcorder S-VHS, Hi8 of (hoge kwaliteit) ana-loog gemaakte digitale beelden aanleveren, dan moet u zeker proberen of de gebruikte di-gitizer dat verschil toonbaar kan maken. Dit experiment is beslist de moeite waard.*

Voorbeeld 4: USB naar pc

USB heeft voor de meeste computergebruikers geen geheimen meer. De pc is immers standaard van USB voorzien en de meeste moderne randapparaten als printers, muizen en scanners zijn allemaal voorzien van een USB-aansluiting. Op dit ogenblik gebruiken we datzelfde USB voor de digitale videocamera en voor de digitale fotocamera.

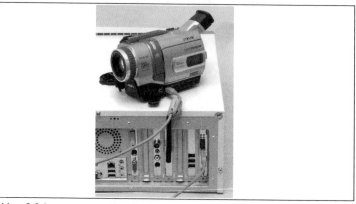

Afbeelding 2.24 *Hier ziet u hoe USB Streaming wordt uitgevoerd. In het bijzonder Sony heeft een mooie USB-oplossing voor de camcorder ontwikkeld. U gebruikt een speciale (meegeleverde) USB-kabel om de camcorder aan te sluiten op de pc. Zowel audio als video worden doorgegeven.*

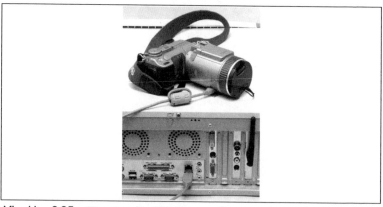

Afbeelding 2.25 *Hier ziet u hoe USB Data wordt uitgevoerd. We gebruiken wederom de speciale USB-kabel van Sony, maar nu om de pc te laten denken dat er een extra vaste schijf is aangesloten. Geen echte vaste schijf natuurlijk, maar de in de digitale fotocamera gestoken Memory Stick...*

Voorbeeld 5: FireWire naar pc

Praten we over kwaliteit, dan praten we over DV oftewel Digital Video. In principe zijn alle DV-camera's (Digital8, MiniDV) voorzien van een DV Out-uitgang. Dit betekent dat ze de videobeelden van de camcorder naar de pc kunnen transporteren. Lang niet alle DV-camera's hebben ook een DV In-poort waarmee ze de DV-beelden die met behulp van de pc zijn gemanipuleerd ook weer in kunnen lezen en op band kunnen zetten. Hierbij merken we op dat DV Out en DV In op één en dezelfde FireWire-kabel komen te zitten. Waarom niet altijd DV In? Dat is een kwestie van geld. Een camcorder die naast DV Out ook is voorzien van DV In, is gewoon een stuk duurder. De DV Out van een camcorder wordt met behulp van een FireWire-kabel (ook wel DV-kabel of iLink-kabel genoemd) aangesloten op de IEEE 1394-, oftewel de FireWire-interface van de pc.

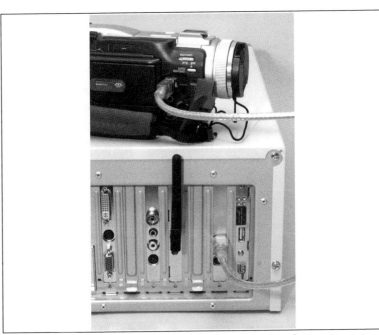

Afbeelding 2.26 *Op deze manier wordt een FireWire-aansluiting verzorgd. Aan de kant van de camcorder vinden we een kleine connector. Aan de kant van de pc zien we een grote connector. Moderne laptops zijn standaard voorzien van een FireWire-aansluiting en dan wordt – net als bij deze camcorder – gekozen voor de kleine connector. U hebt dan wel een klein/klein-FireWire-kabel nodig die u apart zult moeten kopen in de videovakhandel.*

Daadwerkelijk digitaliseren

U hebt inmiddels de nodige opstellingen gezien, waarbij we hebben getoond dat u alle videosignalen (inclusief audio) op de computer kunt aansluiten. Het is mogelijk dat u de pc hiervoor van extra hardware moet voorzien, zoals een tv-tunerkaart, een veelzijdige VGA-kaart, een analoge videodigitizer, een USB-hub (om nóg meer USB-apparaten te kunnen aansluiten) of een Fire-Wire-interface. Ook zijn er speciale gecombineerde oplossingen die audio, analoge video en digitale video combineren met hardwareversnellers en toe-gespitste videobewerkingsprogrammatuur. Wij houden het evenwel eenvou-dig. De enige voorwaarde waaraan de hardware moet voldoen, is dat deze wordt herkend door Windows, in dit geval door Windows XP. Is aan deze voorwaarden voldaan? Neem dan Windows Movie Maker erbij en gebruik de wizard Video vastleggen.

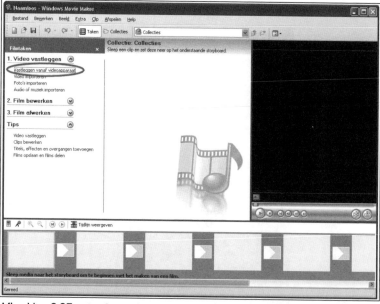

Afbeelding 2.27 *Aan het werk met Windows Movie Maker. De videohardware is in-middels correct aangesloten op deze pc. We verwachten input via de tv-tunerkaart, via USB en via FireWire. Maar welke videoapparaten er zijn aangesloten? Dat houden we nog heel even geheim...*

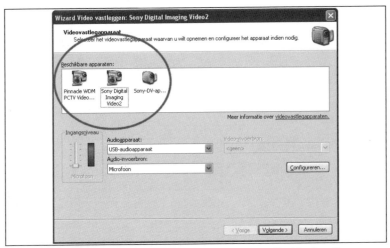

Afbeelding 2.28 *Windows Movie Maker kan overweg met alle video-interfaces en met alle videoapparaten die in Windows bekend zijn. In dit geval zien we de tv-tunerkaart, de camcorder via USB en de camcorder via FireWire. Zoals u ziet, kunnen alle drie de oplossingen direct worden aangesproken door Windows Movie Maker; zij het niet tegelijkertijd...*

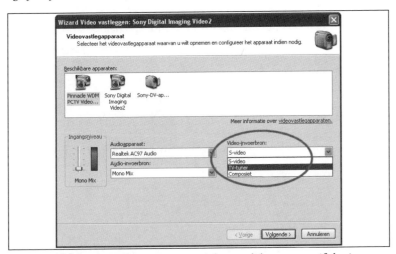

Afbeelding 2.29 *Per video-invoerapparaat is het mogelijk om wat specifieke eigen-schappen te verzorgen. In geval van de tv-tunerkaart kunnen we opgeven welke videobron we willen digitaliseren: S-video (S-VHS), TV-tuner (RF) of Composiet (Composite). Voor USB en FireWire dient u een van de andere twee getoonde video-invoerapparaten te kiezen.*

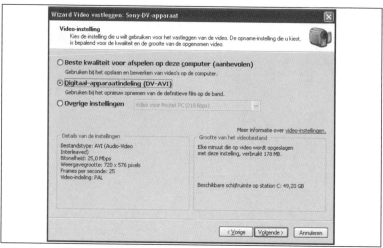

Afbeelding 2.30   *Een stapje verder met de wizard Video vastleggen. Afhankelijk van het ingestelde video-invoerapparaat hebt u een aantal keuzes voor wat betreft het videoformaat dat u op de vaste schijf van de pc gaat bewaren. Werkt u met een digitale videocamera, dan dient u te onthouden dat DV-AVI garant staat voor videofragmenten in de allerhoogste kwaliteit. Dat kost echter wel de nodige MB's aan opslagruimte...*

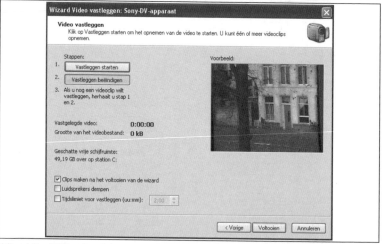

Afbeelding 2.31   *Op dit moment staan we op het punt om videobeelden vast te leggen. Het is misschien een detail, maar de digitale videocamera is ingesteld op Camera. Het beeld dat u nu ziet is dus een live-opname. Dit betekent dat een camcorder die via FireWire is aangesloten kennelijk ook als webcam kan worden gebruikt...*

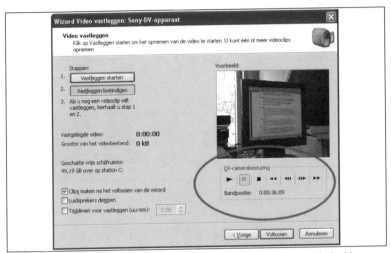

Afbeelding 2.32 *Op dit moment staan we wederom op het punt om videobeelden vast te leggen. Nu is de digitale videocamera echter ingesteld op Player, met als gevolg dat u – onder het voorvertoningvenster – een aantal knoppen te zien krijgt waarmee u de camcorder vanuit Windows Movie Maker kunt aansturen; dat is een van de echt handige features van FireWire in combinatie met DV Out.*

MPEG van Memory Stick

Videobeelden kunnen ook direct door een digitale fotocamera worden weg-geschreven als MPEG-bestand. Dat MPEG-bestand komt dan op de ingesto-ken geheugenkaart te staan. Bij een Sony-apparaat hebben we altijd te maken met Memory Stick-geheugen. De digitale fotocamera die wij gebruiken, kan zodanig worden ingesteld dat de Memory Stick kan worden benaderd als een

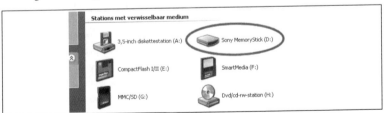

Afbeelding 2.33 *Deze mogelijkheid moeten we u natuurlijk ook laten zien. U kijkt naar een MPEG-bestand dat op de Memory Stick staat. Via de USB-kabel wordt deze Memory Stick geïnstalleerd als station D. Dit station kan gewoon door Windows XP wor-den benaderd. Als u de Memory Stick opent met behulp van Windows Verkenner, dan zult u MPEG-video's en JPEG-foto's kunnen vinden. Wilt u bestanden kopiëren? Dat is een kwestie van klikken en slepen naar – bijvoorbeeld – het Bureaublad.*

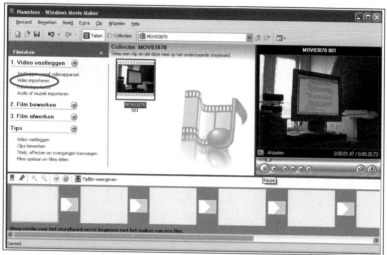

Afbeelding 2.34 *De filmtaak Video importeren wordt gebruikt om een MPEG-bestand over te halen naar Windows Movie Maker. Dat MPEG-bestand kan direct van de Memory Stick worden ingelezen.*

vaste schijf, nee, als een verwisselbaar medium. Dat werkt uitstekend in de praktijk! Een MPEG-bestand kan eenvoudig door Windows Movie Maker worden geïmporteerd met behulp van de filmtaak **Video importeren**.

Bewerken en wegschrijven

Het is ons gelukt om allerlei videovormen in te lezen. We hebben – in het kort – laten zien dat u dat kunt doen met behulp van Windows Movie Maker. U hoeft zich natuurlijk niet te beperken tot dit programma dat standaard wordt meegeleverd met Windows XP. (Via Windows Update kunt u de sterk verbeterde Windows Movie Maker versie 2 downloaden en installeren.) In de handel zijn allerlei geweldige videobewerkingsprogramma's verkrijgbaar die ook in staat zijn om de op de pc aangesloten videobronnen in te lezen. Uiteraard zijn de ingelezen videofragmenten ook weer te bewerken. Denk bijvoorbeeld aan het wegknippen van ongewenste beelden, aan het verzorgen van ondertitels, aan het toevoegen van overgangseffecten enzovoort.

Windows Movie Maker en Pinnacle Studio

In de reeks *Computer Idee: duidelijk voor iedereen* zijn twee handige boekjes over videobewerking verschenen: *Pinnacle Studio 10* van Bert Venema (ISBN 90-5940-199-9) en *Windows Movie Maker 2* van Erwin Olij (ISBN 90-5940-059-3). Deze boekjes gaan uitgebreid in op het bewerken en verfraaien van digitale videobeelden.

Hebt u van het ruwe basismateriaal uiteindelijk een aantrekkelijke videoclip of videofilm gemaakt, dan wordt het tijd om deze weg te schrijven. Dat wegschrijven kan – natuurlijk – weer terug naar videotape, maar ook naar cd of dvd. En dan hebben we internet nog vergeten, want een videofragment kan natuurlijk ook per e-mail worden verzonden of op uw website worden neergezet. De volgende tabel dient als leidraad:

Medium	Pc	Opslagapparaat	Opmerkingen
VHS, Video8	Video Out	Video In	Er zijn nogal wat VGA-kaarten die standaard zijn voorzien van een Video Out; test dit eerst op de tv. Audio moet via de geluidskaart worden aangesloten.
S-VHS, Hi8	S-VHS Out	S-VHS In	Voor een S-VHS Out-connector hebt u mogelijk een speciale oplossing nodig. Analoge digitizers hebben meestal een S-VHS In en een S-VHS Out.
Digital8, MiniDV	FireWire	DV In	Is de digitale videocamera van een DV In voorzien? Zo niet, dan kunt u het vergeten. Of u moet een speciale hacker-kit kopen waarmee u de DV In-optie alsnog kunt activeren (**www.dvin.nl**).
VCD, SVCD	Cd-rewriter	Cd-r, cd-rw	Het is de inbrandsoftware die bepaalt wat de mogelijkheden zijn. Nero Burning Rom bijvoorbeeld, kan al VCD's en SVCD's creëren.
Dvd-video	Dvd-rewriter	Dvd-r, dvd-rw	Ook nu is de software bepalend voor de mogelijkheden. Het maken van een dvd-video is evenwel wat ingewikkelder dan het maken van een VCD/SVCD.
Pc	Vaste schijf	Opslagruimte	Hierbij denken we aan AVI-bestanden die u lokaal bewaart, bijvoorbeeld in het DivX-formaat (**www.divx.com**).

| E-mail | E-mail-account | Mailbox-grootte | Een videofragment wordt in principe zo klein mogelijk gemaakt en als bijlage meegestuurd, bij voorkeur in een formaat dat alle ontvangers standaard kunnen afspelen. |
| Website | Webspace | Webspace-grootte | Houd rekening met de bandbreedte van de bezoekers: men wil geen uren downloaden alvorens iets te zien te krijgen. Het WMV-bestandsformaat is reuze interessant: niet al te groot en dankzij streaming is er meteen al wat te zien! |

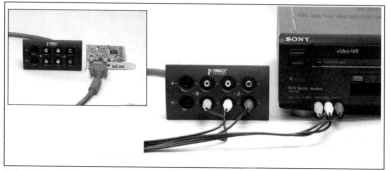

Afbeelding 2.35 *Videoband opnemen met behulp van een analoge (en digitale) Video Out-oplossing. Het gaat om een oplossing die een PCI-insteekkaart combineert met een speciaal extern aansluitblok. Op de PCI-insteekkaart zelf vinden we ook nog enkele Fire-Wire-poorten. Het aansluitblok zorgt voor zowel Video In als Video Out. Het audiogedeelte wordt ook meteen meegenomen.*

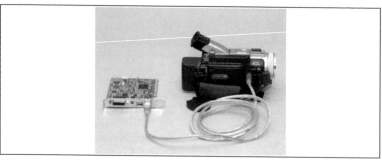

Afbeelding 2.36 *DV-AVI wegschrijven via FireWire naar de DV In van de digitale videocamera. Zelfs Windows Movie Maker kan bewerkte videofragmenten direct naar de DV In-poort van de digitale videocamera exporteren. Dit alles zonder kwaliteitsverlies, want het hele proces gebeurt digitaal.*

Hoofdstuk 3
VHS-banden op dvd of cd zetten

U hebt ongetwijfeld nog een hele stapel VHS-banden liggen met klassieke films, vakantieherinneringen, opgroeiende kinderen enzovoort. Zoals u weet is VHS een medium dat langzaam maar zeker kwaliteit verliest. Ons lijkt het dan ook een goed idee om de films over te halen naar dvd, want zijn de films eenmaal op een dvd ingebrand, dan kunnen ze weer even mee.

VGA- of tv-kaart

Goed, u hebt een videorecorder die u in contact wilt brengen met de pc. Hierbij dient u zich te realiseren dat een VHS-videorecorder analoge beelden aanlevert, meestal op twee manieren: via de coaxantennekabel en via Video Out en Audio Out. In geval van de coaxantennekabel maakt u een klein bruggetje. De coaxkabel van de antenne of de kabel gaat naar de Antenna In van de VHS-videorecorder. Vervolgens gaat er zo'n zelfde coaxkabel van de Antenna Out van de VHS-videorecorder naar de Antenna In van de televisie (lees: de tv-tuner). Heeft de VHS-recorder een scartuitgang of een (witte, rode) Audio Out en een (gele) Video Out, dan kunt u van de Audio Out een oversteek maken naar de Line In van de geluidskaart en de Video Out gaat naar de Video In die op de VGA-kaart of op de tv-kaart zit. Voor scart zijn er speciale verloopkabels verkrijgbaar in de handel. Let wel, de VGA- of de tv-kaart moet hierop voorbereid zijn. Het inlezen van analoge beelden werkt dan ook niet met iedere VGA- of tv-kaart! Als de VHS-recorder aan de pc is gekoppeld, dan is het de bedoeling dat u beeld en geluid gaat digitaliseren. Het analoge beeld en geluid wordt dan omgezet naar een digitaal bestand, naar – meestal – een AVI- of een MPEG-bestand. Voor het digitalisatieproces is hardware en software nodig. De hardware is natuurlijk de VGA- of de tv-kaart. De software is de utilitysoftware van, inderdaad, die VGA- of tv-kaart. Feitelijk is het niet interessant welke programmatuur u gebruikt, zolang deze de op het beeldscherm getoonde beelden en de over de geluidskaart hoorbare geluiden maar kan opnemen en wegschrijven. Is uw VGA- of tv-kaart in staat analoge beelden te digitaliseren en is alle meegeleverde software geïnstalleerd, dan is het alleen nog even de vraag welk programma u precies moet gebruiken. Dat is een kwestie van even zoeken in het menu **Start**.

Onze opstelling

Wij maken gebruik van een opstelling waarbij we een tv-kaart (PCTV-oplossing van Pinnacle) gebruiken. Deze tv-kaart heeft niet alleen een Antenna In, maar ook een Video In en kan dus op twee manieren communiceren met de VHS-recorder. Het signaal dat uit de Video Out van de VHS-recorder naar de Video In van de tv-kaart gaat, is natuurlijk te verkiezen boven het antennesignaal. Waarom? Omdat het een vertaalslag scheelt. Als u namelijk gebruikmaakt van de Antenna Out van de VHS-recorder, dan moet het beeld eerst worden omgezet naar een hoogfrequent radiosignaal om vervolgens door de tv-kaart weer te worden omgezet naar een videosignaal. Dus? Als u het echte videosignaal kunt gebruiken, dan doet u dat!

VHS-beelden opnemen

Alles staat of valt, zoals gezegd, met de aanwezigheid van een VGA- of tv-kaart. En laten we vooral de software niet vergeten die met die VGA- of tv-kaart is meegeleverd, want ten slotte is de programmatuur verantwoordelijk voor alle mogelijkheden die u tot uw beschikking hebt. Een van die mogelijkheden is het kunnen opnemen van televisiebeelden. Wij gaan aan het werk met de tv-kaart, waarbij we beginnen met de juiste afregeling van de software:

1 Als eerste dient u het hulpprogramma van dienst te starten om de beelden van de VHS-recorder tevoorschijn te halen. Dat wil zeggen, we wil-

Afbeelding 3.1 *Hier kunt u opgeven welk signaal de tv-tunersoftware uit de tv-kaart gaat halen. Wij maken gebruik van het Composite-signaal. Zoals u ziet, hadden we ook een televisiekanaal kunnen instellen.*

len beeld krijgen op de pc. In de tv-tunersoftware betekent dit dat we het zogeheten Composite-signaal willen ontvangen.

2 We hebben beeld. Vervolgens zijn we geïnteresseerd in de opnamemoge-lijkheden van de tv-kaart, wat betekent dat we enkele instellingen moeten doornemen. Waar komen de videobestanden terecht? In welk formaat worden de bestanden opgeslagen? Ook hebben we aandacht voor de kwa-liteit, nee, de sterkte van het audiosignaal. U bereikt de menustructuur van de Pinnacle PCTV-software door met de rechtermuisknop op het televisievenster te klikken.

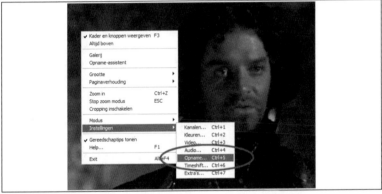

Afbeelding 3.2   *In eerste instantie makkelijk, in tweede instantie toch een tikkeltje inge-wikkelder... Als we op het venster van PCTV Vision (dat is de naam van de software) klikken, dan verschijnt een uitgebreid snelmenu. We moeten uiteraard bij de optie Instel-lingen zijn, waarbij we Opname kiezen.*

3 In het dialoogvenster **Instellingen** kunt u op het tabblad **Opname** zien wat de opslagmogelijkheden zijn. Deze mogelijkheden worden mede be-paald door de PCTV-versie die u hebt geïnstalleerd. Hier kunt u bepalen op welke manier de opgenomen videobestanden moeten worden bewaard op de vaste schijf, wat sowieso een kwestie is van kiezen tussen grootte (lees: 'kleinte') en kwaliteit. Op zich is het opslagformaat MPEG-1 met een resolutie van 352 x 288 prima geschikt. Dit is weliswaar niet de reso-lutie van een dvd, maar uitvergroot op het gewone televisiescherm levert het een beeldkwaliteit op die vergelijkbaar is met origineel VHS. Los daarvan levert dit bestandsformaat een bestandsgrootte op die toch al aanzienlijk is te noemen! Wijzig tevens de plek waar de video-opnamen worden opgeslagen. Standaard komt u ergens in C:\Program Files\ Pinnacle\ terecht. Beter is natuurlijk \Mijn documenten\Mijn video's.

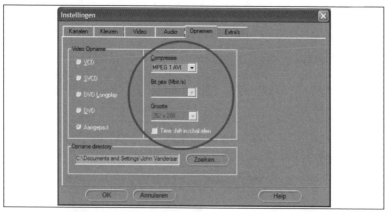

Afbeelding 3.3   *De opname-instellingen. De keuze voor het bestandsformaat en de resolutie worden niet alleen bepaald door de mogelijkheden van de software, maar ook door de kracht van de computer. Hoe snel is de processor en hoe groot is de vaste schijf? Van die dingen…*

4   Een andere instelling is die voor het geluid. U moet namelijk even opgeven welke geluidspoort verantwoordelijk is voor het audiosignaal. Wij hebben de VHS-recorder met behulp van een speciaal kabeltje verbonden met de Line In van de geluidskaart. Daarom wordt de lijningang ingesteld als leverancier van het audiosignaal. Verder moet u nog wat spelen met de kracht van dat audiosignaal. Dat is een kwestie van het slepen met

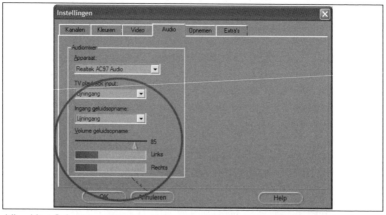

Afbeelding 3.4   *Het tabblad Audio van het dialoogvenster Instellingen wordt gebruikt om de eigenschappen van het geluidssignaal te verzorgen. U geeft op welk audioapparaat wordt gebruikt, welke invoerkanalen van toepassing zijn en wat het ideale volumeniveau is.*

de schuifregelaar **Volume geluidsopname**. Of het geluidsniveau acceptabel is? Luister even mee met de speakers en zorg ervoor dat de meter niet
in het rood slaat.

5   Op dit moment is de software zodanig ingesteld dat we er beelden mee
    kunnen opnemen naar de vaste schijf van de pc. Klik op het venster van
    de software en kies de snelopdracht **Modus** en **Opname**. Dit heeft tot ge-
    volg dat het venster van PCTV Vision wordt uitgebreid met recorder-
    functies. Op dit moment kunt u bewegende beelden opnemen, maar ook
    een snaphot (lees: een schermafbeelding) maken. Ziet u de kleine rode
    knop? Klik er maar eens op. Vervolgens wacht u enkele seconden en klikt
    u nogmaals op diezelfde rode knop. U merkt er misschien niets van,
    maar u hebt uw eerste digitale videofragment opgenomen!

Afbeelding 3.5   *De opnamemogelijkheden van PCTV Vision zijn erbij gekomen. Zie
dit gewoon als een extra werkbalk, precies zoals u dat gewend bent van andere Windows-
programma's. De knoppen die we zien, herkennen we van de gewone videorecorder. Met
het rode rondje kunnen we de opname starten en ook weer stoppen.*

6   Hebt u enkele videofragmenten opgenomen, dan moet u eens een kijkje
    nemen in de map die u hebt ingesteld tijdens het werken op het tabblad
    Opname van het dialoogvenster **Instellingen**. Hier zult u een aantal be-

standen tegenkomen die – zoals het pictogram aangeeft – kunnen worden afgespeeld met behulp van Windows Media Player. Klik met de
rechtermuisknop op zo'n pictogram. Kies vervolgens de optie **Afspelen**.

Afbeelding 3.6 *Dit is de map waarin we de videofragmenten bewaren. Het gaat ons
hierbij om de herkenbare pictogrammen: die zijn gekoppeld aan Windows Media Player.
De andere bestanden worden gebruikt door de tv-kaart. Zie dat als overhead, waar u niets
mee van doen hebt als u de videofragmenten los gaat gebruiken.*

7 Windows Media Player wordt nu gestart. Het opgegeven videofragment
wordt ingelezen en keurig afgespeeld. Als u dat wilt, dan kunt u overschakelen naar het volledige scherm (druk op de toetscombinatie Alt+
Enter) om te zien hoe een opname uitpakt als deze wordt uitvergroot.
U zult zien dat de kwaliteit alleszins redelijk is.

Afbeelding 3.7 *Het bewijs dat de videofragmenten die zijn aangemaakt met behulp
van de tv-kaart op meerdere manieren inzetbaar zijn. Immers, ook Windows Media
Player kan ermee overweg. Dit geeft direct aan dat u de videofragmenten ook met behulp
van andere multimediaprogramma's kunt inlezen, bekijken en bewerken.*

VirtualDub

We maken een voorbehoud voor wat betreft het MPEG/AVI-formaat dat door sommige tv-kaarten wordt aangeleverd. Het kan gebeuren dat de opgenomen ('gecaptured') videobestanden wel door Windows Media Player kunnen worden afgespeeld, maar problemen opleveren als u ze overhaalt naar Windows Movie Maker of andere videobewerkingsprogramma's. Dit heeft in alle gevallen te maken met het specifieke formaat waarin het MPEG/AVI-bestand is weggeschreven. De oplossing is een extra conversie waarmee u het niet 100 procent compatibele AVI-bestand omzet naar een wel 100 procent compatibel AVI-bestand. Een hulpprogramma dat u hiervoor kunt gebruiken is VirtualDub. Surf naar **www.virtualdub.org** om dit programma te downloaden.

Pc als videorecorder

Goed, het opnemen van videofragmenten is gelukt. Hiermee is aangetoond dat de pc (in combinatie met de tv-kaart en de bijbehorende software) als videorecorder kan worden ingezet. Het wordt echter een ander verhaal op het moment dat u een opname op afstand en in de toekomst wilt verzorgen. Denk hierbij aan het instellen van de videorecorder. Gelukkig behoort ook dát tot de mogelijkheden van de software die met een knappe tv-kaart is meegeleverd. Van die mogelijkheden zullen we nu evenwel geen gebruik maken: wij kunnen de band starten en op de opnameknop drukken. Heeft de vaste schijf voldoende vrije opslagruimte, dan moeten we gewoon even wachten totdat de hele speelfilm is afgespeeld en opgenomen. Laat de complete speelfilm dan ook als één groot videofragment naar de vaste schijf wegschrijven. Houd de tijd wel even in de gaten, want de opname is niet gepland en moet dus op het juiste moment worden stilgezet. Doet u dat niet, dan hebt u een videobewerkingsprogramma nodig om het ongewenste gedeelte weg te knippen.

Video naar dvd

Het wordt spannend, want nu willen we de opgenomen beelden inbranden op een dvd-plaatje, zodat we deze kunnen afspelen met behulp van de dvd-speler (hetzij met behulp van de dvd-speler in de computer, hetzij met behulp van de dvd-speler die onder de televisie in de huiskamer staat). Wat hebt u nodig? Eigenlijk niet meer dan een inbrandprogramma als Nero – Burning Rom. Zoals u weet, wordt dit hulpprogramma meegeleverd met de meeste cd-rewriters en dvd-rewriters. We merken op dat u wel de nieuwe versie 6 van Nero – Burning Rom nodig hebt! En dat niet alleen… Nero – Burning Rom dient te worden uitgebreid met het hulpprogramma Nero Vision Express en met een MPEG-2-plug-in voor het kunnen creëren van dvd-videobestanden. Surf naar **www.nero.com** om meer te weten te komen over de genoemde programmatuur. Werkt u veel een graag met de dvd-rewriter, dan is de Nero – Burning Rom een absolute aanrader en dat geldt ook voor de genoemde uitbreidingen! (Met behulp van alleen Nero – Burning Rom kunt u een dvd-plaatje uitstekend beschrijven. U kunt het programma echter niet gebruiken om de inhoud van de strategische map VIDEO_TS aan te maken. Daarvoor hebt u andere software nodig, dus vandaar Nero Vision Express.)

1 Start Nero Vision Express. Er verschijnt een speciale wizard en u kunt direct aangeven dat u een dvd wilt maken. Nero Vision Express heeft nog veel meer multimediamogelijkheden, waarbij het accent duidelijk ligt op het maken van videoprojecten.

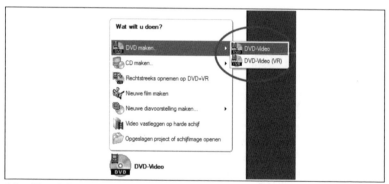

Afbeelding 3.8   *De wizard van Nero Vision Express laat u kiezen uit een aantal projecten. Van dvd tot cd, van speelfilm tot diavoorstelling. Wij gaan een dvd maken en de keuze is dan ook snel gemaakt.*

2 Vervolgens wordt het zaak uw dvd-speelfilm samen te stellen. Er is reeds een videofilm in het AVI-formaat opgeslagen op de vaste schijf van uw pc en deze kan worden binnengehaald door Nero Vision Express. Dat is een kwestie van een klik op de knop **Videobestanden toevoegen**. U kunt net zoveel videobestanden toevoegen als nodig is. Onderin beeld ziet u vanzelf hoeveel ruimte er nog over is op het dvd-plaatje.

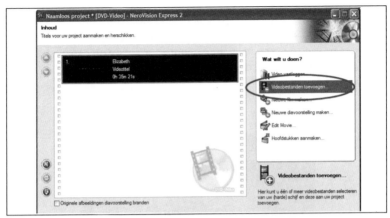

Afbeelding 3.9 *Als u een dvd gaat creëren, dan dient u te beschikken over videobestanden. Deze kunnen in het MPEG- en in het AVI-formaat worden aangeboden. De exacte mogelijkheden worden bepaald door de codecs die op uw pc zijn geïnstalleerd.*

3 Als de videobestanden aan het project zijn toegevoegd, dan drukt u op de knop **Volgende** om het menu van de dvd-speelfilm te kunnen bewerken. Het dvd-menu kunt u gebruiken om de losse episodes te selecteren en om eventueel een menuanimatie te creëren. Een groot aantal eigenschappen kan hierbij worden ingesteld. Denk aan de kleur van de achtergrond (dat kan ook een afbeelding zijn), aan het lettertype enzovoort.

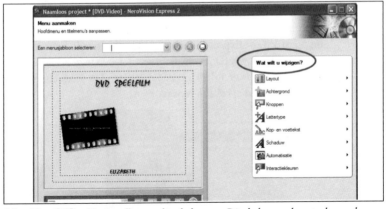

Afbeelding 3.10 *Het instellen van het dvd-menu. Dit dvd-menu kan straks worden aangestuurd met behulp van de afstandsbediening van uw dvd-speler. Het is de moeite waard hier zorgvuldig te werk te gaan!*

4 Is het dvd-menu samengesteld, klik dan nogmaals op **Volgende**, waarna u met behulp van de softwarematige afstandsbediening kunt controleren of het project netjes is ingericht. U kunt door het dvd-menu bladeren, u kunt de dvd-speelfilm starten enzovoort.

Afbeelding 3.11 *Het aangemaakte dvd-project wordt nu getest, gewoon om te zien of de VHS-speelfilm correct is omgezet naar een dvd-speelfilm. U hoeft uiteraard niet de hele film te bekijken. Controleer slechts de werking van het dvd-menu.*

5 De volgende stap is het inbranden van de dvd. Dit kunt u op twee manieren doen: direct vanuit Nero Vision Express naar het dvd-plaatje of met een tussenstap via een map op de vaste schijf die vervolgens door Nero – Burning Rom op het dvd-plaatje wordt gezet. Wij houden het voor nu bij Nero Vision Express. Na een druk op **Volgende** hebben we het voorvertoningvenster verlaten en nu moeten we de te gebruiken dvd-rewriter instellen, waarna een druk op de knop **Branden** voldoende is om het afwerken van de dvd-speelfilm te verzorgen.

Afbeelding 3.12 *De dvd-speler wordt geselecteerd. Daarna is een druk op de knop Branden voldoende om het inbrandproces te starten. Hoewel? Eerst moet de hele dvd-speelfilm nog worden ingericht. Hierbij hoort ook het ombouwen van AVI naar MPEG-2.*

Dvd afspelen

Is die dvd eenmaal ingebrand, dan kunt u deze afspelen met behulp van een willekeurige dvd-speler. Hebt u geen dvd-speler bij de hand, dan kunt u ook gebruikmaken van een dvd-speler voor de pc. Hierbij gaat het natuurlijk om een speciaal programma dat de dvd via software kan afspelen op het beeldscherm van de computer. Hiervoor kunt u een pakket als het bekende CyberLink DVD Player gebruiken. Daarbij zult u staan te kijken van de kwaliteit van de beelden, ook al hebben we MPEG-1 in een vrij lage resolutie opgenomen en dit omgezet naar MPEG-2 in een hogere resolutie. We hebben dus aangetoond dat de pc een volwaardige videorecorder is geworden. Of liever gezegd: een volwaardige dvd-recorder!

Afbeelding 3.13   *Hier ziet u het resultaat afgespeeld in een torenhoge resolutie. Een willekeurige dvd-speler (ook een programma op de pc) is te gebruiken om de dvd af te spelen.*

Hardwareopstelling

Bij het bovenstaande softwareverhaal hoort natuurlijk ook een specifieke hardwareopstelling. We nemen een willekeurige multimedia-pc en een willekeurige videorecorder. Laten we eens kijken hoe we deze twee apparaten met elkaar in contact kunnen brengen, waarbij we het beeld van de videorecorder willen overhalen naar de pc. Let wel, de onderstaande opstelling hoort exclusief bij het bovenstaande verhaal!

Afbeelding 3.14 *Hiermee gaan we aan de slag. We zullen een VHS-recorder in contact gaan brengen met een pc. De pc die we gebruiken is uiteraard voorzien van een dvd-rewriter.*

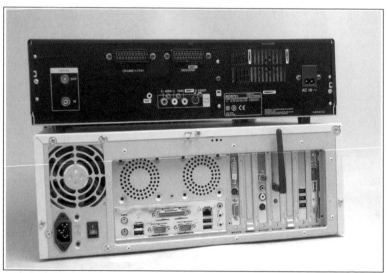

Afbeelding 3.15 *Een kijkje naar de ingewikkelde achterkanten van de multimedia-pc en de videorecorder. Op de een of andere manier moeten we de videobeelden overhalen naar de pc. Dat kan op verschillende manieren. We zien een antennesignaal, een scart-aansluiting en een Video Out.*

Afbeelding 3.16 *De AERIAL-sectie. Hier kunt u het signaal van de antenne of de kabel op aansluiten met behulp van een coaxkabel. Dat signaal kan door de tuner van de videorecorder worden opgepakt. Natuurlijk wordt er een doorlus naar de televisie gemaakt, met een mogelijkheid deze televisie op de uitzendfrequentie van de videorecorder in te regelen.*

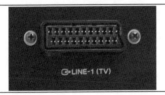

Afbeelding 3.17 *Dit is de scartaansluiting met een uitgaand signaal voor video en audio. In de handel zijn speciale verloopkabels verkrijgbaar waarmee u drie aparte kabels krijgt om in de pc te steken: Video Out, Audio Out Left en Audio Out Right. Let wel, twee audiosignalen in verband met het stereogeluid dat wordt aangeleverd door de videorecorder.*

Afbeelding 3.18 *Hier de sectie die u het liefst gebruikt: direct Video Out en Audio Out. U hebt gangbare tulpkabels nodig om de signalen op de pc aan te bieden: tulp/tulp voor Video Out en tulp+tulp/mini-Din voor Audio Out. Deze kabels vindt u ook in de computerwinkel. Hebt u geluk, dan is de (gele) tulp/tulp met de tv-kaart meegeleverd. Wellicht zat de tulp+tulp/mini-Din bij de geluidskaart. De laatstgenoemde kabel gebruikt u trouwens ook om de geluidskaart op uw hifi-installatie aan te sluiten, zij het dat u dan de Line Out in plaats van (in ons geval) de Line In dient te gebruiken.*

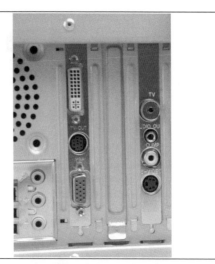

Afbeelding 3.19 *Hier ziet u het audiogedeelte van de multimedia-pc; de roze, de blauwe en de groene connectors links in beeld. Rechts in beeld zien we de tv-kaart met connectors voor het antennesignaal, voor Video Out en voor S-VHS. De kleine connector die u ziet, wordt gebruikt om het audiosignaal wat van de antenne afkomstig is naar de geluidskaart door te lussen.*

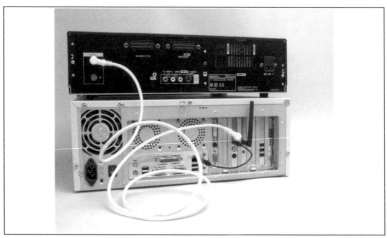

Afbeelding 3.20 *Dit is de aansluiting waarbij we gebruikmaken van het antennesignaal dat de videorecorder afscheidt. Het signaal van de Antenna Out van de videorecorder gaat naar de Antenna In van de tv-kaart. We maken een audiokoppeling naar de geluidskaart.*

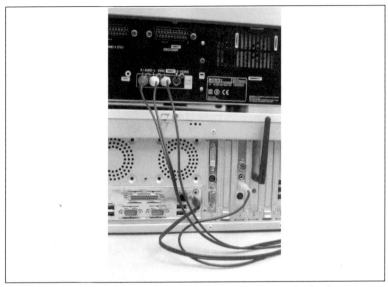

Afbeelding 3.21 *Hier een Video Out/Audio Out-aansluiting. We hebben hiervoor twee kabels nodig: tulp/tulp voor Video Out en tulp+tulp/mini-Din voor Audio Out. Zo bekabeld krijgt u beslist een goed signaal.*

Video naar cd-rw

Hierboven hebt u kunnen lezen wat er bij komt kijken om een video over te zetten naar dvd-video. Feitelijk is daarmee het hele verhaal verteld, maar we kunnen ons indenken dat u de video op een cd-rw wilt inbranden. Welnu, dat kan ook. U zult zien dat er bijna geen verschillen zijn!

1 Start Nero – Buring Rom en start een nieuw project. Hiervoor kunt u de speciale wizard gebruiken en de eerste stappen die u doorloopt zijn: opgeven dat u een cd wilt creëren, aangeven dat het om een nieuwe cd gaat en het VideoCD-project selecteren.

2 Pal voordat de wizard wordt afgesloten, weet Nero – Burning Rom u te melden wat voor bestanden u zo meteen nodig hebt: MPEG- en/of AVI-bestanden. Het MPEG-1 bestandsformaat is direct geschikt voor VCD en AVI kan worden omgebouwd door Nero – Burning Rom. Eigenlijk ligt het criterium iets anders: "Als u het op deze pc kunt afspelen met behulp van Windows Media Player, dan kunt u er ook een VCD van maken met behulp van Nero – Burning Rom." Maar let wel, een videobestand dat op deze pc draait, hoeft niet per se ook op een andere

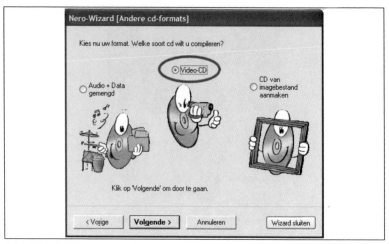

Afbeelding 3.22 *De wizard van Nero – Burning Rom laat u kiezen uit een aantal projecten: van data-cd tot audio-cd tot video-cd. Wij kiezen voor een VideoCD en dus voor een VCD.*

computer te draaien. Dit heeft te maken met de codecs die aanwezig zijn op de pc. Een codec is software waarmee multimediaprogramma's de videofragmenten kunnen *co*deren en *dec*oderen.

3 Als het hoofdvenster van Nero – Burning Rom verschijnt, dan wordt het werkgebied in twee stukken gedeeld: links ziet u het projectgedeelte en rechts gaat u aan het werk met een soort Windows Verkenner. Het is de bedoeling dat u het gewenste videofragment rechts in het Verkenner-venster opzoekt, waarna u het naar links sleept en laat vallen in het projectgedeelte. Het gekozen videofragment wordt geanalyseerd door Nero – Burning Rom en even later ziet u het inderdaad in het projectvenster verschijnen. U komt tevens te weten hoeveel tijd het videofragment in beslag neemt en hoeveel ruimte het inneemt op de nog in te branden cd-rw. We merken op dat u ongeveer anderhalf uur speelfilm kwijt kunt op een cd-rw die plaats biedt aan 700 MB data. Indien nodig sleept u nog meer videofragmenten naar het projectvenster, net zolang totdat de cd-rw gevuld is.

4 Hebt u alle gewenste videofragmenten klaargezet, dan kunt u de cd-rw laten inbranden door Nero – Burning Rom. Dit is gewoon een kwestie van een klik op de inbrandknop. Het gevolg is dat het dialoogvenster **Nero Wizard – CD branden** verschijnt. U kunt nu de inbrandsnelheid

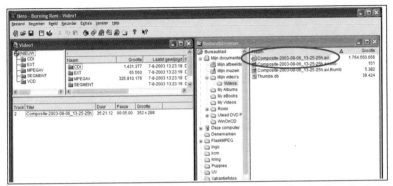

Afbeelding 3.23 *Aan het werk in het hoofdvenster van Nero – Burning Rom. Links in beeld ziet u het project dat is aangemaakt: een VCD-project. Het is de bedoeling dat u de videofragmenten met behulp van de Verkenner opzoekt en dat u deze vervolgens naar het projectvenster sleept.*

instellen en eventueel kunt u ervoor kiezen een imagebestand aan te laten maken. We adviseren een niet al te hoge inbrandsnelheid en als u slechts één kopie van de VideoCD wilt maken, dan hebt u geen imagebestand nodig.

Afbeelding 3.24 *Wellicht wat verborgen, maar nu toch goed te zien: de knop waarop u moet klikken om een cd-rw in te laten branden door Nero – Burning Rom.*

5 Het inbranden start vervolgens. Dit gaat even duren, want het videobestand dat u hebt aangeboden, moet zodanig worden gecodeerd dat het echt VCD-compatible is. Dit is een rekenklus waar Nero – Burning Rom wel even mee bezig is. Hierbij is de snelheid van uw pc bepalend voor de hoeveelheid tijd die Nero – Burning Rom kwijt is aan het coderen naar het gewenste MPEG-1 bestandsformaat. Als het omrekenen is voltooid, dan gaat het daadwerkelijke inbranden van start. Wat later zult u merken dat het project correct is afgerond en dat u beschikt over een heuse VideoCD oftewel een VCD.

Afbeelding 3.25 *De VCD is ingebrand! U weet het nog niet, maar op het cd-plaatje staat een speelfilm die beslist van goede kwaliteit is. Van VHS-kwaliteit, dat wel... Het kan mooier, maar dan moet u aan de slag met een duurdere dvd-rw. Denk er echter aan dat de kwaliteit die van een VHS-band afkomt de echte dvd-speelfilm bij lange na niet benadert.*

VCD afspelen

Is die VideoCD eenmaal ingebrand, dan kunt u deze afspelen met behulp van een willekeurige dvd-speler. Hebt u geen dvd-speler bij de hand, dan kunt u ook gebruikmaken van een VCD- of dvd-speler voor de pc. Hierbij gaat het natuurlijk om een speciaal programma dat de VCD via software kan afspelen op het beeldscherm van de computer. Hiervoor kunt u een pakket als het bekende CyberLink DVD Player gebruiken. Daarbij zult u staan te kijken van de kwaliteit van de beelden, ook al hebben we MPEG-1 in een vrij lage resolutie opgenomen. De pc is ook nu een volwaardige videorecorder is geworden. Of liever: een volwaardige cd-recorder!

Afbeelding 3.26 *Een willekeurige dvd-speler (of een programma op de pc) is te gebruiken om de VideoCD af te spelen. Nogmaals opgemerkt, een VideoCD is hetzelfde als een VCD.*

Hoofdstuk 4
Andere bronnen

In verreweg de meeste conversiegevallen wordt uitsluitend rekening gehouden met VHS-videotapes. Er zijn natuurlijk nog veel meer analoge videoapparaten waarvan u het beeld wilt kunnen overzetten op de pc. In dit hoofdstuk gaan we aan de slag met een allround conversieoplossing en u zult zien dat het eigenlijk weinig uitmaakt wat voor analoge videobron u aansluit op de audio-/videoconverter van dienst.

Philips Save Your Tapes!
De hardware-/softwareoplossing die we in dit hoofdstuk gebruiken luistert naar de naam *Philips Save Your Tapes!*, een zeer compleet product dat bestaat uit een USB 2.0 audio-/video-converter, een double layer dvd-rewriter en de speciale sofware Digital Converter. Voor wat betreft de theorie van het digitaliseren en het branden, kunt u ook voor een andere oplossing kiezen, want de hierna volgende theorie blijft – nadat de hardware is geactiveerd – identiek.

Afbeelding 4.1 *De gecombineerde VHS-/Hi8-videorecorder die in het verleden werd gebruikt om tapes te dubben. Nu kunnen we er zowel VHS- als Hi8-videotapes mee afspelen en dat betekent dat we twee analoge videoformaten met behulp van één videorecorder op de audio-/video-converter kunnen zetten.*

VHS en Hi8

We beginnen met VHS en Hi8, waarbij we – in dit speciale geval – gebruik kunnen maken van een en dezelfde videospeler: een gecombineerde afspeel-/kopieeroplossing van Sony. Immers, de Hi8-tapes werden opgenomen met de handycam en in de huiskamer stond een gewone VHS-videorecorder, maar dat terzijde... VHS was enorm populair; in het bijzonder in de videotheken. Hi8 is sporadisch gebruikt als het kwalitatief betere alternatief voor Video 8.

Afbeelding 4.2   *Deze videorecorder maakt het ons wel héél erg makkelijk: zowel stereo-geluid alsmede composiet video kunnen we direct vanaf de bijbehorende tulpstekkers halen. Daarvoor hebben we slechts drie tulpkabels nodig. Zoals u ziet, beschikt deze videorecorder ook over een voor S-VHS en Hi8 interessante S-Video-uitgang die we hier echter niet zullen gebruiken. (Merk op: S-Video is bedoeld voor de kwalitatief betere video-signalen die afkomstig kunnen zijn van S-VHS, Hi8 en dvd. Bij S-Video worden kleur en helderheid apart verstuurd en daarvoor is dan ook een speciale 4-pins kabel nodig.)*

Afbeelding 4.3   *De rode en de zwarte tulppluggen seinen het audiosignaal door. De gele tulpplug is bedoeld voor het videosignaal. Zoals u ziet, is het niet mogelijk om fouten te maken. Hoewel? De zwarte tulpplug komt zodadelijk op de witte tulpconnector van de audio-/videoconverter te zitten.*

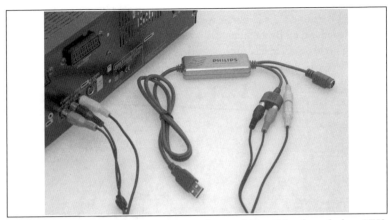

Afbeelding 4.4 *Uiteindelijk een vrij eenvoudige aansluiting. Met als gevolg dat u VHS- en Hi8-videotapes in contact kunt brengen met de audio-/videoconverter, en de aanteke- ning dat u in geval van een Hi8-videotape ook zeker de S-Video-aansluiting eens moet proberen!*

Betamax

In tegenstelling tot Video 2000 (die geweldige videostandaard van Philips, onder andere goed voor perfect stilstaand beeld) dat om diverse redenen uit

Afbeelding 4.5 *Deze herkent u vast wel: zo'n ouderwetse Betamax-videorecorder. Ook voor deze videorecorder hebben we nog een aantal leuke videotapes die we willen digitali- seren en dus zullen we een koppeling moeten realiseren met de audio-/videoconverter.*

de handel is genomen, is Betamax wel redelijk aangeslagen. Zij het dat VHS het in Nederland en België uiteindelijk heeft gewonnen... Sony heeft overigens nog heel lang Betamax-videorecorders op de markt gebracht. En wist u dat de allereerste draagbare videocamera gebruikmaakte van Betamax-tapes?

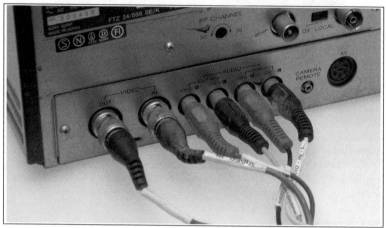

Afbeelding 4.6 *Deze Betamax-videorecorder maakt gebruik van een ingewikkelde SCART-kabel waarmee u BNC-pluggen (voor het videosignaal) en tulppluggen (voor het audiosignaal) in de juiste connectors moet steken. Zoals u ziet, gaat het om zowel ingaande als uitgaande signalen.*

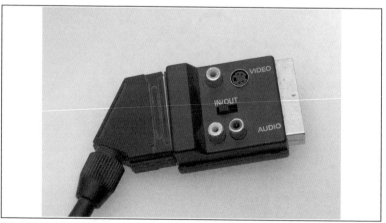

Afbeelding 4.7 *Dit speciale SCART-hulpstuk gaan we gebruiken om het uitgaande audio-/videosignaal van de Betamax-videorecorder door te geven aan de van tulppluggen voorziene audio-/videokabels. De schakelaar IN/OUT gebruikt u om aan te geven in welke richting het audio-/videosignaal wordt geleid.*

Afbeelding 4.8 *Het SCART-hulpstuk is in de SCART-kabel aangesloten die zelf weer in de Betamax-videorecorder is gestoken. We stellen in dat er een uitgaand audio-/video-signaal wordt geleverd en dat gaat met behulp van tulppluggen naar de audio-/video-converter.*

Video 8

Video 8 kent u van de kleine videotapes die voornamelijk zijn bedoeld voor in de draagbare videocamera. Met de komst van de Video 8-videotapes is de draagbare videocamera dan ook veel compacter en handzamer geworden. Een bekend probleem was dat Video 8-videotapes niet in een VHS-video-recorder konden worden gestoken en dat maakte het afspelen van de vakan-tiefilms er niet makkelijker op. Voor sommige power-users was dat reden genoeg om een aparte Video 8-videorecorder te kopen. In de videotheek is de Video 8-videotape nooit aangeslagen, maar er zijn her en der nog wel speelfilms voor de Video 8-videorecorder te koop. En dan natuurlijk nog al die gefilmde vakanties die u op Video 8-videotape hebt staan!

Afbeelding 4.9 *Zo op het eerste gezicht een doodgewone videorecorder... Maar vergist u zich niet: dit is een Video 8-videorecorder waarin u Video 8-videotapes kunt plaatsen. Reuze handig in combinatie met een draagbare Video 8-camera, want dan hoeft u niets over te tapen naar VHS.*

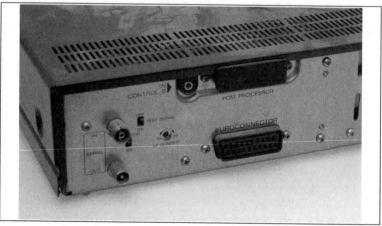

Afbeelding 4.10 *De Video 8-videorecorder is voorzien van een Euro-connector oftewel een SCART-connector. Dit type audio-/videointerface zien we ook op alle dvd-spelers, op alle moderne videorecorders en natuurlijk op alle moderne televisies die er meestal twee hebben: EXT1 en EXT2.*

Afbeelding 4.11 *Het inmiddels bekende SCART-hulpstuk gaat in de SCART-connector van de Video 8-videorecorder. De IN/OUT-schakelaar wordt in de juiste stand gezet en zodadelijk gebruiken we de van tulppluggen voorziene kabels voor de doorkoppeling naar de audio-/videoconverter.*

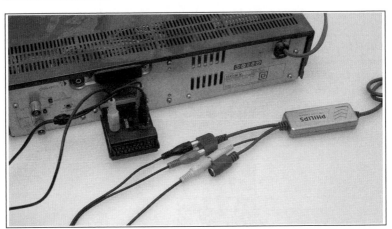

Afbeelding 4.12 *Zwart op wit. Rood op rood. Geel op geel. De tussenkomst van het SCART-hulpstuk maakt het doorkoppelen van het audio-/videosignaal erg eenvoudig. De band kan dan ook worden gestart!*

Handycam

En dan hebben we natuurlijk nog de draagbare videocamera oftewel de handycam. Draagbare videocamera's zijn er in diverse soorten en maten, waarbij niet alleen de gebruikte videotapes zijn geëvolueerd, maar ook de handycams zelf. We zullen u laten zien hoe u drie verschillende handycams analoog (!) aansluit op de audio-/videoconverter waar wij op dit moment gebruik van maken. Hierbij merken we op dat ook digitale (!) draagbare videocamera's een analoog audio-/videosignaal kunnen afgeven.

Afbeelding 4.13 *U kijkt naar een draagbare Hi8-videocamera. Deze handycam werkt met de speciale Hi8-videotapes waarmee kwalitatief betere beelden kunnen worden geschoten dan met Video 8-videotapes. Voor de komst van de digitale DV-handycams was dit een populaire draagbare videocamera.*

Afbeelding 4.14 *Het koppelen van deze draagbare videocamera aan de audio-/video-converter zal niet moeilijk zijn: alle Tulp-connectors zijn aanwezig. En tevens ziet u ook nog een uitgang voor S-Video.*

Afbeelding 4.15 *We maken gebruik van tulppluggen om het audiosignaal en het video-signaal door te geven aan de audio-/videoconverter. Hebt u toevallig een S-Video-kabel bij de hand, dan kunt u in plaats van Composite ook S-Video gebruiken.*

Afbeelding 4.16 *Zoals u ziet een eenvoudige 1-op-1-koppeling waarvoor geen extra hulpstukken worden gebruikt. Nee, het aansluiten van deze draagbare videocamera levert geen enkel probleem op.*

Afbeelding 4.17 *Digital 8 is een goedkope DV-standaard van Sony waarmee u speciale Video 8-videotapes kunt gebruiken om toch een digitaal signaal op te nemen. Deze draagbare videocamera levert verschillende uitgaande videosignalen: onder andere een analoog videosignaal!*

Afbeelding 4.18 *Eens kijken... We zien S-Video Out, Audio/Video Out, DV Out en USB Out en allemaal leveren ze een videosignaal. De USB Out verdient extra aandacht, want daarmee kunt u deze draagbare videocamera inzetten als een echte webcam: Sony spreekt dan over streaming video! Kortom, een echte allround draagbare videocamera.*

Afbeelding 4.19   *Bij deze draagbare videocamera wordt een speciale audio-/videokabel meegeleverd waarmee u de Audio/Video Out-poort op drie handige tulppluggen kunt zetten: rood en wit voor audio, geel voor video.*

Afbeelding 4.20   *Wederom een eenvoudige koppeling tussen de draagbare videocamera en de audio-/videoconverter. En inderdaad, u had het videosignaal ook in dit geval met behulp van een S-Video-kabel kunnen verzorgen...*

Afbeelding 4.21 *Nu gaan we aan het werk met een echte draagbare DV-videocamera die met DV-videotapes werkt. Normaal gesproken haalt u het audio-/videosignaal van deze DV-handycam over via de FireWire-interface, maar wij laten u zien dat u ook een analoog audio-/videosignaal kunt digitaliseren.*

Afbeelding 4.22 *Hier ziet u de volgende uitgaande audio-/videopoorten: S-Video Out, Audio/Video Out en DV Out. Voor nu zetten we in op de Audio/Video Out, want dat levert het meest algemeen toepasbare audio-/videosignaal op.*

Afbeelding 4.23   *De speciale audio-/videokabel van Sony is nu in de evenzo speciale Audio/Video Out-poort gestoken. Aan het andere uiteinde van de kabel bevinden zich de tulppluggen voor audio (= rood en wit) en video (= geel).*

Afbeelding 4.24   *En op deze manier wordt het audio-/videosignaal van de DV-draag-bare videocamera analoog doorgegeven aan de audio-/video-converter. Het DV-signaal via FireWire is weliswaar kwalitatief beter, maar hiermee is dit hoofdstuk helemaal compleet.*

Haal 100% uit uw pc met Computer Idee

Kijk voor een voordelig abonnement op www.computeridee.nl/abonneren

of bel 0800-ABONNEREN (0800-2266637)

Hoofdstuk 5
Van Movie Maker naar VideoCD

Windows XP is standaard voorzien van Windows Movie Maker. Met behulp van Windows Movie Maker kunt u zelf digitale videofilms produceren die kunnen worden afgespeeld op tal van manieren en tal van apparaten. Alleen, hoe krijgen we een film die met behulp van Windows Movie Maker is gemaakt op een VideoCD? Wij laten u graag zien hoe dat gaat.

Film creëren

Voordat de met Windows Movie Maker gecreëerde film naar VideoCD kan worden geschreven, zal deze moeten worden geproduceerd. We praten dan over het opnemen, importeren, knippen, plakken enzovoort, en daar is Windows Movie Maker prima voor geschikt. Is de Windows XP-computer voorzien van een FireWire-aansluiting en hebt u toevallig een digitale videocamera, dan kunt u de videobeelden direct en zonder kwaliteitsverlies overhalen naar uw vaste schijf. Hebt u een ander programma gebruikt om de digitale films over te halen naar vaste schijf van uw Windows XP-computer? Geen nood... Windows Movie Maker is prima in staat videofragmenten te importeren, hetgeen betekent dat u ook aan het werk kunt met films die u – bijvoorbeeld met behulp van KaZaA – van internet hebt afgehaald. Tevens is het niet moeilijk om bijvoorbeeld een VHS-speelfilm in te lezen met behulp van een analoge videodigitizer of een tv-kaart.

Importeren in de praktijk

Zoals gezegd, is het mogelijk videofragmenten in Windows Movie Maker te importeren. Dat is dan ook precies wat we gaan doen, waarbij we ervoor zorgen dat een aantal videofragmenten netjes wordt gegroepeerd.

1 Open Windows Movie Maker en start een nieuw project door op **Bestand**, **Nieuw** en **Project** te klikken.

2 Als dat is gedaan, dan klikt u op **Bestand**, **Nieuw** en **Verzameling**. De nieuw aangemaakte verzameling geeft u de naam Import.

3 Dubbelklik op de map Import. In de werkbalk **Verzameling** ziet u hoe deze map wordt geopend.

4 Plaats de muisaanwijzer in het witte venster, dat zich tussen de lijst met verzamelingen en het afspeelvenster bevindt. Dit witte venster is nog helemaal leeg. Klik met de rechtermuisknop in dit witte venster. Als het snelmenu verschijnt, dan kiest u de optie **Importeren**.

5 Het dialoogvenster **Selecteer het te importeren bestand** verschijnt nu in beeld. Ga op zoek naar een videofragment dat u wilt overhalen naar de verzameling Import binnen Windows Movie Maker. Let even op: als het videofragment dat u inleest niet al te lang is en reeds 'netjes' is gemaakt, dan moet u het vinkje weghalen voor het veld **Clips maken voor videobestanden**. Is alles in orde, klik dan op de knop **Openen** om de importfunctie in gang te zetten.

Afbeelding 5.1 *Het inlezen van de videoclips. Windows Movie Maker kan overweg met een groot aantal bestandsformaten. Welke dat zijn, ziet u als u op het pijltje bij het veld Bestandstypen klikt.*

6 Herhaal de voorgaande twee stappen, net zolang totdat alle benodigde videofragmenten zijn ingelezen. Daarmee bent u er nog niet, want in het linkervenster hebt u kunnen zien dat de importfunctie zelfstandig nieuwe verzamelmappen heeft aangemaakt die de namen hebben gekregen van de overgehaalde bestanden.

7 Sleep de bestanden die in die nieuw aangemaakte verzamelmappen staan naar Import en gooi vervolgens die nu lege en dus nutteloze verzamelingen weg. Vervolgens opent u Import om te zien dat alles keurig netjes bij elkaar staat. Hierbij kunt u eventueel gebruikmaken van F2 om de clips van handige omschrijvingen te voorzien.

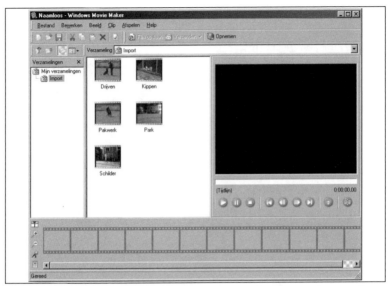

Afbeelding 5.2   *De videoclips zijn geïmporteerd en netjes bij elkaar in de verzamelmap Import geplaatst. Tevens hebben we de namen van de videoclips aangepast, door te klikken en op F2 drukken.*

Compleet maken

De benodigde videofragmenten zijn als clips overgehaald naar de verzamelmap Import van Windows Movie Maker. Deze videofragmenten willen we
achter elkaar plaatsen, zodat er een complete film ontstaat. Die complete
film moet vervolgens op de juiste manier naar de vaste schijf worden weggeschreven.

1   Open de verzameling Import. U kunt de clips nu een voor een naar de
    filmstrip slepen die onderin het Windows Movie Maker-venster is te
    zien. Houd hierbij rekening met de juiste volgorde.

2   Zijn alle clips in de filmstrip aanwezig, dan moet u ze alle selecteren door
    eerst op de meest linkse clip te klikken. Daarna drukt u de Shift-toets in
    en vervolgens klikt u op de meest rechtse clip.

3   U kunt nu op de knop **Afspelen** van het afspeelvenster klikken om te kij-
    ken of de aldus gecreëerde film volgens plan is opgebouwd. Is dat niet
    het geval, dan moeten we terug naar de tekentafel. Is dat wel het geval,
    dan gaan we verder...

Afbeelding 5.3 *De videoclips zijn achter elkaar geplaatst en zo samen vormen ze de videofilm die we zo dadelijk willen bewaren op de vaste schijf van deze Windows XP-computer.*

4 Klik op **Bestand** en **Film opslaan**. Dit heeft tot gevolg dat het gelijkna-mige dialoogvenster **Film opslaan** verschijnt.

5 Bij het veld **Instelling** kiest u de optie **Overig**.

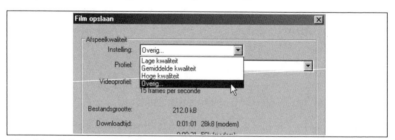

Afbeelding 5.4 *We kiezen niet voor een standaard door Windows Movie Maker inge-stelde afspeelkwaliteit. Vandaar de selectie van Overig.*

6 Bij het veld **Profiel** (dit wordt pas actief als **Instelling** op **Overig** is gezet) kiest u de optie **DV-AVI PAL (25 Mbps)**.

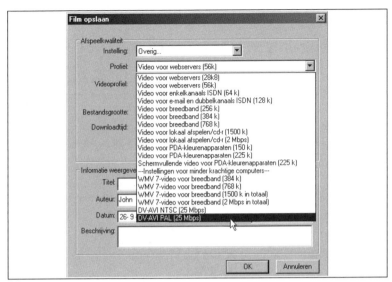

Afbeelding 5.5 *Het wegschrijven doen we naar AVI en wel in een serieus hoge resolutie. Een ander videoformaat is WMV, maar dat is helaas niet bruikbaar voor het doel dat wij voor ogen hebben.*

7 Vervolgens kan de film onder een handige bestandsnaam als AVI worden weggeschreven naar de vaste schijf van de Windows XP-computer. Afhankelijk van het basismateriaal (lees: de gebruikte clips) en de lengte van de film, heeft Windows Movie Maker hier wel wat tijd voor nodig.

8 U kunt de totale film – een service van Windows Movie Maker – nog even nabeschouwen met behulp van Windows Media Player.

Afbeelding 5.6 *Met behulp van Windows Media Player kunt u de film, die is aangemaakt door Windows Movie Maker, even testen. Dat kunnen we sowieso aanraden.*

AVI naar MPG

Het bestandsformaat dat we – straks – nodig hebben om een VideoCD aan
te maken, is niet AVI maar MPG. Voor de kijker – en voor Windows Media
Player – maakt het niet uit in welk formaat een digitaal videofragment getoond moet worden, maar voor VideoCD maakt dat alles uit. Een conversieslag is dan ook noodzakelijk. Surf naar **www.tmpgenc.net** om daar een kopie
te downloaden – en te installeren – van het videoconversieprogramma
TMPGEnc. Dat installeren van het pakket komt eenvoudig neer op het met
WinZip uitpakken van de gecomprimeerde bestanden naar een map op de
vaste schijf.

1 Klik op **Start** en **Uitvoeren.** In de map waarin u TMPGEnc zojuist hebt
weggeschreven ziet u een uitvoerbaar bestand staan. Dit is het te starten
programma.

Als TMPGEnc wordt gestart, dan geeft u aan dat u videobestanden wilt
converteren naar **VideoCD for PAL.**

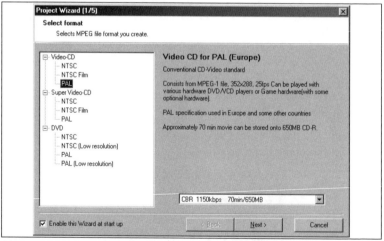

Afbeelding 5.7   *Wat gaan we doen? We gaan een AVI converteren naar VideoCD voor
het PAL-formaat. U ziet dat we net zo goed naar Super VideoCD of dvd kunnen
converteren.*

2 Vervolgens kunt u opgeven welk AVI-videofragment dient te worden geconverteerd. Klik op de juiste knop **Browse** (die achter het veld **Video
File**) en haal de eerder aangemaakte AVI erbij.

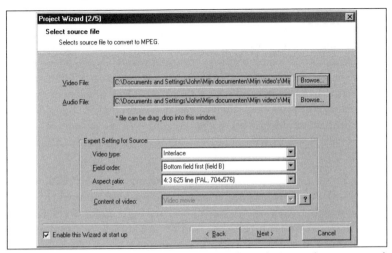

Afbeelding 5.8 *Hier dient u in te stellen welk AVI-bestand moet worden geconverteerd naar MPG. De hier getoonde standaardinstellingen kunt u met rust laten.*

3 Hierna zult u enkele wizardvensters passeren, met onder andere enige filters, om even later de conversie daadwerkelijk in gang te zetten. Gedurende dat conversieproces krijgt u steeds te zien wat de vorderingen van
TMPGEnc zijn en dat is wel zo attent van de makers.

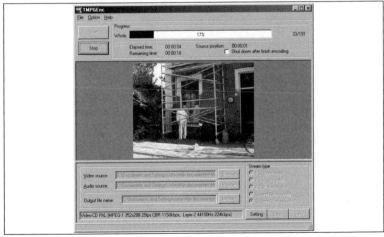

Afbeelding 5.9 *TMPGEnc is druk bezig met de conversie van de AVI-film. Deze wordt keurig netjes omgezet naar een MPG-formaat waarmee het volgende pakket – Ulead DVD MovieFactory – overweg kan.*

Naar VideoCD

Op dit moment hebben we een goedgekeurde MPG-film op de vaste schijf van de Windows XP-computer staan, met meer dan voldoende frames per seconde in een zeer fatsoenlijke resolutie. Nu moeten we dat MPG-bestand op de een of andere manier op een cd-r(w) wegschrijven en wel zodanig dat we het kunnen afspelen met behulp van de dvd-speler die bijvoorbeeld in de huiskamer staat opgesteld. Hiervoor is het nodig even een uitstapje te maken naar internet. Surf naar **www.ulead.com** om kennis te nemen van het programma Ulead DVD MovieFactory.

Van dit programma dat normaal circa 45 euro kost, kunt u een probeerversie (*free trial*) downloaden, waarmee u reeds een volwaardige VideoCD of dvd kunt fabriceren. Even downloaden en installeren is het devies, waarbij u er uiteraard wel voor moet zorgen dat Ulead DVD MovieFactory wordt ingesteld voor de PAL-videostandaard.

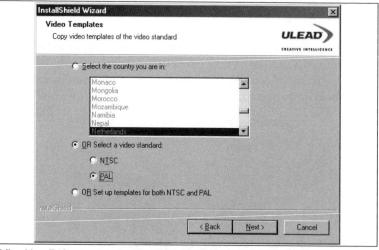

Afbeelding 5.10 *Zeer essentieel: we leven in Nederland, in Europa. Het videoformaat moet dus worden ingesteld op PAL.*

1 Als Ulead DVD MovieFactory wordt gestart, dan kiest u de optie **Author menus**. Hiermee kunnen we de scènes (in dit geval is dat er slechts één) selecteren waarmee we de VideoCD of de dvd willen opbouwen.

2 Welk type film wilt u aanmaken? U kunt kiezen uit **DVD**, **VCD** en **SVCD**. Alle drie formaten kunnen worden afgespeeld door de dvd-speler. Wij kiezen – op dit moment – voor **VCD**.

3 Vervolgens kunt u het MPG-bestand (lees: het geconverteerde AVI-bestand) opnemen in de lijst met titels/tracks door op **Add MPEG File** te klikken. We gaan het simpel houden, dus verwijder het vinkje voor het veld **Create scene selection menu**. Als we dit doen, dan zorgen we ervoor dat de VideoCD direct wordt gestart en helemaal wordt afgespeeld.

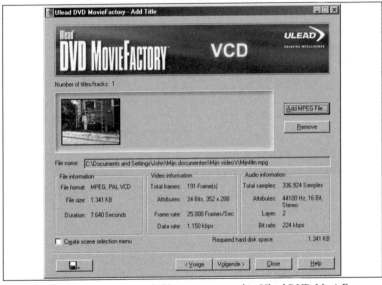

Afbeelding 5.11 *De geconverteerde film is geïmporteerd in Ulead DVD MovieFactory. We kunnen duidelijk zien wat de eigenschappen zijn van het MPG-bestand. Verder wordt ingesteld dat we niet met een VideoCD-menu willen werken.*

4 Ulead DVD MovieFactory biedt u hierna de mogelijkheid met behulp van een softwarematige afstandsbediening de aan te maken VideoCD te testen.

5 Als de VideoCD door u wordt goedgekeurd, dan kunt u deze direct naar cd-r(w) branden of bewaren als cd-rom-imagebestand om deze later naar cd-r(w) weg te schrijven. Is het plaatje ingebrand, dan kunt u deze in de dvd-speler plaatsen om te genieten van de aldus aangemaakte VideoCD!

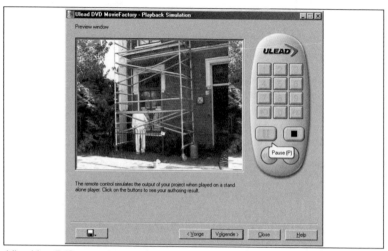

Afbeelding 5.12   *Met behulp van deze virtuele afstandsbediening kunt u kijken of de VideoCD u bevalt. In dit geval hebben we een VideoCD aangemaakt die meteen begint te spelen. Het is ook mogelijk om de kijker een menu te presenteren.*

Verschillende stappen

Het lijken nogal wat verschillende stappen die u moet maken in de drie verschillende pakketten (Windows Movie Maker, TMPGEnc, Ulead DVD MovieFactory), maar dat valt in de praktijk reuze mee. U kunt de programma's naast elkaar openen op het Bureaublad van Windows XP en dan is er opeens niet zoveel werk meer te verzetten. Als u op de hier getoonde manier een VideoCD hebt gemaakt (een SVCD of een dvd kan ook) dan zult u merken dat het naar meer smaakt!

Hoofdstuk 6
Van Movie Maker naar dvd

Hebt u Windows XP op uw pc geïnstalleerd, dan bent u de gelukkige eigenaar van Windows Movie Maker. En hebt u toevallig ook de beschikking over een videocamera of een VHS-recorder, dan kunt u uw eigen speelfilms samenstellen. Nog één vraagje: "Is de computer toevallig voorzien van een dvd-rewriter?" Mooi, dan kunt u uw eigen speelfilm-dvd's creëren. We laten zien hoe dat moet.

Een film samenstellen

Videocamera of videorecorder

Als videocamera zien we graag een digitale videocamera; het liefst een echte DV-camera die z'n signaal via FireWire afgeeft, maar als de beelden via USB of de VGA-kaart binnenkomen dan is het ook goed. Zelfs een videorecorder die z'n beeld en geluid via een analoge videodigitizer afgeeft is akkoord. Aan de theorie doet het niets af, aan de kwaliteit wel. Het aardige van Windows XP is dat het besturingssysteem slim genoeg is om de videocamera, nee, de

Afbeelding 6.1 *We hebben de videocamera via FireWire aangesloten op de computer. Het gevolg is dat Windows XP meteen in actie komt. Wat gaan we doen? Windows Movie Maker laten starten, natuurlijk! We merken op dat de beelden en het geluid via een willekeurige videobron kunnen worden aangeboden. Ook de VHS-recorder en de WebCam zijn te gebruiken.*

videobron te herkennen. Wordt er een digitaal signaal opgepakt, dan verschijnt de wizard **Digitaal videoapparaat**. Aan u is de keuze wat er moet gebeuren. Klikt u op **Video vastleggen met Windows Movie Maker**, dan wordt de benodigde multimedia-applicatie gestart. In hetzelfde dialoogvenster kunt u de door u gekozen actie ook voor in de toekomst vastleggen. Start u Windows Movie Maker liever zelf, kies dan **Geen actie ondernemen** en schakel de optie **De geselecteerde actie altijd uitvoeren** in.

Project en bewaarmap

Als Windows Movie Maker wordt gestart, kan (lees: zal) worden overgeschakeld naar de wizard **Video vastleggen**. Met behulp van deze wizard kunt u de gegevens van de videotape, die in de DV-camera steekt, overhalen naar de vaste schijf. Twee zaken zijn nu van belang: de naam van het project en de map waarin de multimediabestanden worden neergezet. Windows XP kent de standaardmap Mijn video's en dat is een prima plek. Als u op de knop **Bladeren** klikt, dan kunt u de films die worden overgehaald ergens anders neerzetten. Dit wilt u zeker doen als u vaker met Windows Movie Maker werkt.

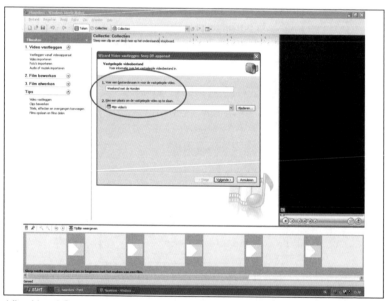

Afbeelding 6.2 *De wizard Video vastleggen is gestart. U kunt opgeven waar de films moeten verschijnen. Uiteraard wordt dit nieuwe project van een bijpassende naam voorzien.*

In de hoogste kwaliteit

Als de wizard **Video vastleggen** verdergaat, kunt u de opnamekwaliteit instellen. Dit heeft te maken met de resolutie en met het aantal framerates. Als we de film straks op een dvd willen inbranden, dan is een resolutie van 720 x 576 pixels gewenst, bij een framerate van 25 beelden per seconde. Laat dat nu de indeling van de DV-camera zijn! Kies dan ook voor de allerhoogste kwaliteit en zorg voor voldoende (!) ruimte op de vaste schijf. Tijdens het overhalen van de beelden via FireWire (dat gaat supersnel) is er geen tijd voor een ingewikkelde compressietechniek, zodat een videofragment de nodige MB's in beslag zal nemen. Zorg dus voor voldoende ruimte op de vaste schijf.

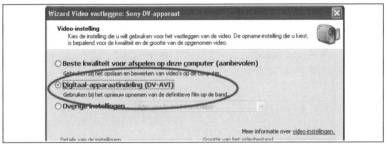

Afbeelding 6.3 *We kiezen – als dat kan – voor Digitaal-apparaatindeling, want dat is precies de beeldkwaliteit die we nodig hebben. Het is trouwens niet de bedoeling dat u de hele vaste schijf laat volspoelen met videobeelden. Als straks de dvd wordt aangemaakt en ingebrand, dan hebben we ook veel ruimte nodig op de vaste schijf.*

Zelf de fragmenten kiezen

Het overhalen van videobeelden vanaf een DV-camera kan op twee manieren: door de complete band af te spelen en in te lezen of door zelf een keuze voor de gewenste fragmenten te maken. Dat laatste is aan te bevelen als u ongeveer weet welke beelden er op de videotape zijn te vinden. Ook weet u zeker dat er geen opslagruimte verloren gaat omdat er ongewenste fragmenten worden opgeslagen. Bij de laatste keuze wilt u natuurlijk meekijken en dus wordt de optie **Voorbeeld weergeven tijdens het vastleggen** ingeschakeld.

Afspelen en vastleggen

Vervolgens wordt het mogelijk om de videobeelden vast te leggen, dus om de videotape te laten omzetten naar een bestand op de pc. Maak gebruik van de programmasectie **DV-camerabesturing** om de inhoud van de in de DV-camera geplaatste videotape te kunnen bekijken. Bent u bij een interessant fragment aangekomen, dan laat u de band op normale snelheid afspelen, waarna u op de knop **Vastleggen starten** klikt. Kijk intussen mee op het beeldscherm van de pc of op het LCD-scherm van de DV-camera. Bent u aan het einde van het fragment gekomen, dan stopt u de opname door op de knop **Vastleggen beëindigen** te drukken. Let nu even op, want het is mogelijk om verschillende fragmenten achter elkaar op te nemen. Deze fragmenten worden dan in één groot bestand bewaard. Ook kunt op **Voltooien** klikken om bijvoorbeeld een nieuw videofragment op te nemen dat een eigen bestandsnaam krijgt. Moet u gewoon even mee spelen…

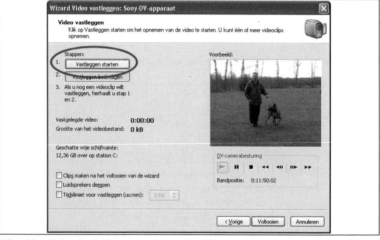

Afbeelding 6.4   *De DV-camera is vanuit Windows Movie Maker aan te sturen door op de juiste knoppen te drukken. Inderdaad, precies dezelfde knoppen vindt u terug op de DV-camera van dienst. Het is dan ook net of u een videorecorder aanstuurt.*

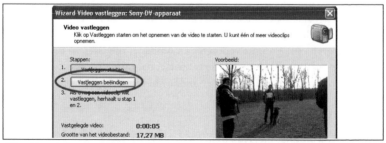

Afbeelding 6.5   *Terwijl de beelden van de videotape worden overgehaald naar de vaste schijf van de pc, krijgt u al een indruk van de bestandsruimte die nodig is voor het opslaan van een dergelijk zwaar multimediafragment. Weet u het nog? Juist, voldoende ruimte…*

De speelfilm samenstellen

Is het ruwe basismateriaal ingelezen en opgeslagen op de vaste schijf van de pc, dan kan Windows Movie Maker worden gebruikt om de speelfilm samen te stellen. U kunt de losse videofragmenten combineren, effecten toevoegen, overgangen maken, knippen, plakken enzovoort. Voor nu dient u te weten dat een dvd uit verschillende losse hoofdstukken bestaat. Per hoofdstuk zorgt u als het ware voor een los stuk(je) speelfilm. In dit geval willen we niet één, maar vier complete fragmenten aanmaken. Die fragmenten zullen zo dadelijk als Deel1, Deel2, Deel3 en Deel4 worden opgeslagen, maar dat nog even terzijde. Is zo'n fragment naar wens ingeregeld, dan kan het worden bewaard. Hiervoor klikt u in de sectie **Film afwerken** op de optie **Opslaan op deze computer**. Als de wizard **Film opslaan** verschijnt, dan geeft u op onder welke naam en waar het videobestand zal worden bewaard.

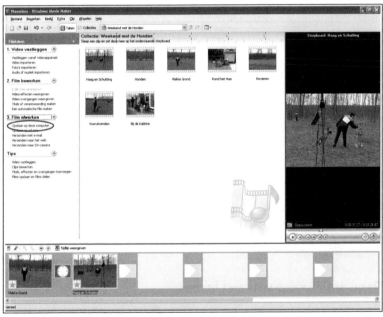

Afbeelding 6.6 *Even serieus aan het werk met Windows Movie Maker. Feitelijk is dít waarom het programma is gemaakt: om uw eigen video's digitaal in elkaar te kunnen zetten. Combineer losse filmpjes met filters en overgangen.*

Wederom in de hoogste kwaliteit

De wizard **Film opslaan** eist dat u aangeeft in welke kwaliteit het aan te maken videobestand zal worden weggeschreven. Voor dvd hebben we een resolutie van 720 x 576 pixels nodig en een framerate van 25 beelden per seconde. Inderdaad, dat is dezelfde kwaliteit die we gebruikten tijdens het overzetten van videotape naar vaste schijf. Binnen Windows Movie Maker wordt dit opslagformaat DV-AVI (PAL) genoemd. U kunt dit formaat instellen als u de optie **Overige instellingen** afvinkt, want pas daarna is de bijbehorende keuzelijst te openen. Is de keuze gemaakt, dan kan de conversieslag in gang worden gezet.

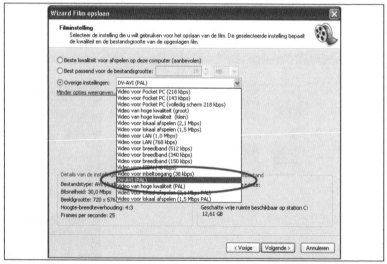

Afbeelding 6.7   *Ook nu bewaken we de kwaliteit van de videobeelden. We selecteren een resolutie en een framerate die overeenkomt met de resolutie en de framerate van een dvd-speelfilm.*

De gemaakte video's in kaart brengen

Heeft Windows Movie Maker al het werk gedaan? Open dan nog even de map Mijn video's om aldaar de aangemaakte videobestanden in kaart te brengen. Wij hebben de films Deel1, Deel2, Deel3 en Deel4 aangemaakt. Alle andere bestanden kunnen worden verwijderd, zolang de genoemde video's maar in deze map blijven staan. Dat is een logische actie, want we gaan verder met alleen die bestanden die aan de gestelde dvd-eisen voldoen. We praten dan over resolutie en framerate. Merk op dat alle vier de bestan-

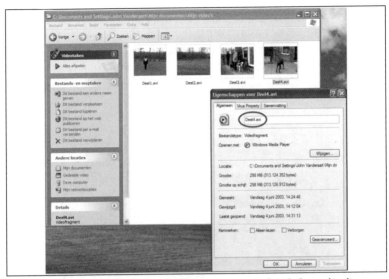

Afbeelding 6.8 *We maken de inventaris op. Hier zien we de videobestanden die met behulp van Windows Movie Maker zijn gecreëerd. Alle vier nemen ze bepaald veel ruimte in beslag, wat het gevolg is van het AVI-formaat.*

den in het AVI-formaat zijn weggeschreven, dus zonder kwaliteitsverlies! Dat is de reden dat ze zo groot zijn.

Werken met NeoDVD

Staan de AVI-bestanden klaar, dan kunnen we de dvd gaan samenstellen. Hiervoor gebruikt u het programma NeoDVD. Dit programma wordt meegeleverd met een groot aantal dvd-spelers, zij het dat u dan wel een retailversie (lees: géén OEM-versie) dvd-rewriter moet aanschaffen. Wilt u meer weten over NeoDVD, surf dan even naar **www.mediostream.com**. Bijvoorbeeld om het pakket alsnog aan te schaffen, maar ook voor het ophalen van een mogelijke update. Beslist een bezoekje waard!

Stap voor stap met de wizard

Hebt u de gewenste fragmenten netjes klaargezet als losse AVI's? Dat komt dan bijzonder goed uit, want de wizard van NeoDVD kan hier naadloos mee overweg. De resolutie en de framerate zijn reeds correct, de namen van de bestanden zijn bekend. Start NeoDVD en geef aan dat u een nieuw project wilt creëren. Daarna gaat u stap voor stap verder:

1 Als de NeoDVD-wizard van start gaat, dan kunt u opgeven wat voor vi-
deoplaatje u wilt aanmaken. Wij hebben een dvd-rewriter aan boord en
dus wordt het een dvd-project. De videokwaliteit wordt als **Best** ingesteld,
waardoor we voor de hoogste kwaliteit kiezen. De instelling **PAL** geeft
aan dat we de dvd-speelfilm in het Europese formaat willen opslaan.

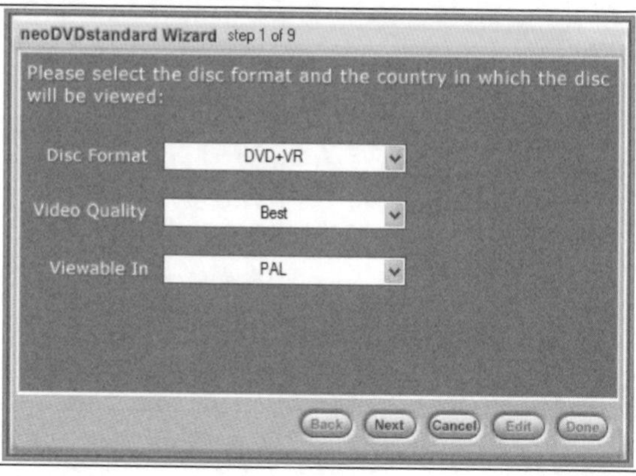

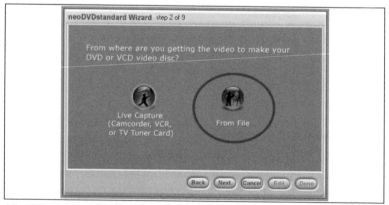

Afbeelding 6.9 *De keuze voor het project (dvd), voor de kwaliteit (de allerhoogste) en
het videosysteem (PAL).*

2 Hoe dacht u het bronmateriaal aan te bieden? U kunt dat 'capturen' met
behulp van de DV-camera of de tv-tuner. Wij hebben vier AVI-bestanden klaarstaan in de map Mijn video's en de keuze is dan ook snel gemaakt: **From File** oftewel vanuit bestand.

Afbeelding 6.10 *De bronbeelden kunnen live worden opgenomen, maar ze kunnen ook
uit een bestand worden ingelezen. Dat laatste is wat wij willen.*

3 Gaat u bestaande videobestanden gebruiken bij het samenstellen van de dvd-speelfilm, dan mag (lees: moet) u die videobestanden aanbieden bij NeoDVD. Klik net zolang op de knop **Add** (er verschijnt dan een dialoogvenster waarmee u op zoek kunt gaan naar – in dit geval – de AVI-bestanden), totdat alle klaarstaande bestanden naar het NeoDVD-project zijn overgeheveld.

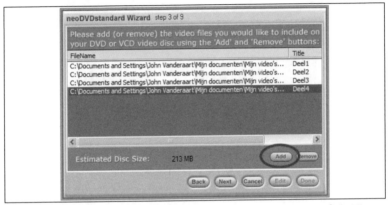

Afbeelding 6.11 *De vier videobestanden zijn te vinden in de map Mijn video's. We brengen NeoDVD daarom in contact met deze map. Dat doen we vier keer, want het gaat ten slotte om vier multimediabestanden.*

4 Aan wat voor een menulay-out had u gedacht? We praten dan over het hoofdmenu – Main Menu – van de dvd. Dit menu zal worden getoond door de dvd-player op het moment dat u contact maakt met de dvd-speelfilm. Er zijn vier mogelijkheden, dus de keus is aan u!

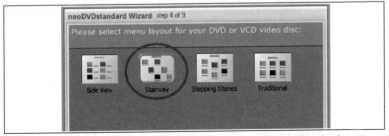

Afbeelding 6.12 *U weet het misschien nog niet, maar een dvd-speelfilm die door Neo-DVD wordt gecreëerd, zal van een speciaal hoofdmenu worden voorzien. Hier maakt u een keuze voor de lay-out van dat Main Menu.*

5   Voor de achtergrond van het hoofdmenu wordt een bitmap gebruikt. NeoDVD komt met een aantal standaard meegeleverde achtergronden. Uiteraard is het ook mogelijk uw eigen bitmaps te gebruiken. Selecteer zo'n achtergrond.

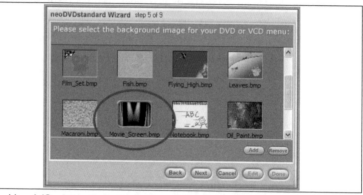

Afbeelding 6.13   *Hier wordt de keuze voor de hoofdmenuachtergrond gemaakt. Houdt u rekening met de kleurstelling? De eerste beelden van de videofragmenten komen namelijk in het Main Menu te staan; zo dadelijk wordt geheel duidelijk wat wij hiermee bedoelen.*

6   Vervolgens dient u het hoofdmenu van een handige titel te voorzien. Deze titel vertelt wat over de dvd-speelfilm die u wilt vertonen. Ook het lettertype en de tekstkleur dient u in te stellen; hiervoor maakt u gebruik

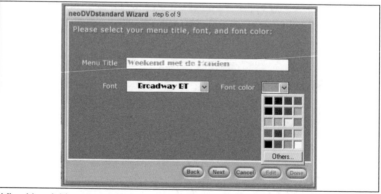

Afbeelding 6.14   *Het hoofdmenu, nee, de dvd-speelfilm krijgt een titel. Hier stelt u in wat die titel gaat worden. Dat niet alleen, ook het gebruikte lettertype en de tekstkleur worden hier ingesteld.*

van keuzelijsten. Omdat het eindresultaat op een televisiescherm wat korrelig oogt, raden wij u aan een zeer goed leesbaar lettertype te kiezen. Een vette letter dus…

7 De vier videobestanden die we door NeoDVD laten inlezen, worden als miniatuur getoond in het hoofdmenu. Zo'n miniatuurweergave kunt u eventueel voorzien van een knappe omlijsting.

8 We zijn er bijna. De manier waarop de dvd wordt weggeschreven wordt gedefinieerd. Naar welke dvd-rewriter wordt het (tussentijds aangemaakte) imagebestand weggeschreven? Wat wordt het label van de dvd? Hoe snel moeten de gegevens worden ingebrand? Ook wordt het aantal te maken kopieën ingevuld.

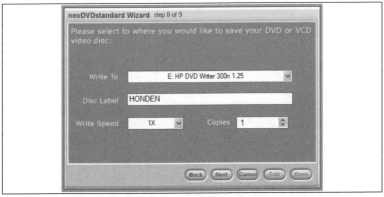

Afbeelding 6.15 *Graag uw aandacht voor de mogelijkheid diverse kopietjes te maken van de dvd-speelfilm die u aanmaakt. Wellicht wilt u uw vrienden en kennissen laten meegenieten.*

9 Als het project eenmaal is ingericht, dan kunt u testen of alles volgens plan is verlopen. Met behulp van de softwarematige afstandsbediening kunt u de aan te maken dvd dan ook controleren. Bevallen de kleuren, is de volgorde correct, zijn alle bedoelde filmfragmenten gebruikt?

Controleren en wegschrijven

Als de compilatiewizard is beëindigd, dan verschijnt het hoofdvenster van NeoDVD. Hier kunt u alle dvd-eigenschappen nogmaals controleren en – indien nodig – wijzigen. Is alles in orde, dan kan de opdracht worden gegeven die leidt tot het daadwerkelijke inbranden van de data. Maar nogmaals: eerst controleert u alle eigenschappen!

Afbeelding 6.16 *De wizard heeft het project samengesteld, waarna u de afstandsbediening kunt gebruiken om te zien of alles op de juiste plek staat. Als u doorklikt verschijnt het hoofdvenster van NeoDVD, waarna nog wijzigingen kunnen worden aangebracht.*

Afbeelding 6.17 *Dit is het hoofdvenster van NeoDVD. Alle losse eigenschappen zijn ingevuld met behulp van de wizard. Als er iets is dat niet bevalt, dan kan dat alsnog worden gewijzigd. Klik op de knop Make Disc om de dvd-rw te laten inbranden.*

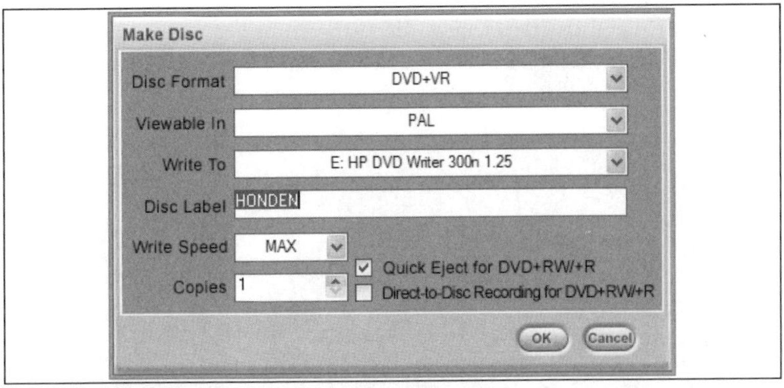

Afbeelding 6.18 *Pal voor het inbranden van de dvd-rw worden de eigenschappen van het plaatje nog even met u doorgenomen. In Europa werken we met PAL. Bij Write To wordt de desbetreffende dvd-rewriter ingevuld.*

Bekijken met de dvd-player

Als het dvd-plaatje is ingebrand als dvd-speelfilm, kunnen we kijken of de dvd-player ermee overweg kan. Hiervoor kunt u CyberLink PowerDVD (of een OEM-kloon ervan) gebruiken. Even later zult u zien dat de ingepro-

Afbeelding 6.19 *De dvd-player is gestart en de inhoud van het zojuist ingebrande dvd-plaatje wordt getoond. Op dit moment kijkt u naar de menustructuur die we eerder hebben aangemaakt met behulp van NeoDVD.*

grammeerde menustructuur kan worden aangestuurd en dat de fragmenten Deel1 tot en met Deel4 kunnen worden afgespeeld. Conclusie? Het project is geslaagd!

Afbeelding 6.20 *De speelfilm, nee, een hoofdstuk van de speelfilm wordt nu afgespeeld met een ASUS-kloon van CyberLink PowerDVD XP. De kwaliteit is werkelijk voorbeeldig. Dat is te danken aan de hoge resolutie en de strakke framerate.*

Hoofdstuk 7

Zelf een cd of dvd verpakken

Hebt u een speelfilm van VHS overgezet naar cd of dvd? Of hebt u misschien een kopie gemaakt van een dvd-video, bijvoorbeeld naar cd? Dan is het leuk om ervoor te zorgen dat het nieuwe project netjes wordt verpakt. Wij gaan aan het werk met de scanner, de printer en de schaar. Doet u mee? Volg dan de onderstaande stappen op. Daarna kunt u lezen dat het bewuste artwork ook op internet kan worden gevonden!

Stap voor stap

1   Het ruwe basismateriaal bestaat uit de originele dvd (of de verpakking van een VHS-band) en een dvd+rw. Het is de bedoeling dat we de verpakking van de speelfilm overhalen naar het doosje (de *jewel case*). Vaak is het doosje van de dvd+rw kleiner dan de originele verpakking, maar dat komt goed.

2   Het dvd-plaatje kunt u wegnemen uit de verpakking. Het kan wat ingewikkelder worden met de doos, maar op dit moment hebben we geluk: het inlegvel kan eenvoudig worden weggenomen. Er zijn ook dvd-titels die in een soort van kartonnen verpakking worden aangeleverd. In dat geval kunt u geen inlegvel wegnemen, maar gaat u aan de slag met de complete doos.

Afbeelding 7.1   *Het inlegvel kan eenvoudig worden weggenomen.*

3 De flatbedscanner wordt erbij genomen. Het dvd-inlegvel en het dvd-plaatje kunnen zonder moeite op de glasplaat worden gelegd. Hebt u geen inlegvel, maar moet er een complete doos op de glasplaat, dan kunt u de kap van de scanner gewoon open laten staan. De verpakking wordt nog steeds keurig netjes ingescand, zij het dat er geen witruimte maar zwartruimte wordt ingescand als omtrek van de titelflap.

4 De titelflap wordt op de glasplaat gelegd en dat kan op verschillende manieren. Wilt u alleen de voorkant of moet de achterkant ook worden meegenomen? Het bewuste inlegvel heeft ongeveer de grootte van een A4'tje, dus kunt u net zo goed de hele verpakking inscannen. Afdrukken doen we immers ook op A4 en weggooien kan altijd nog...

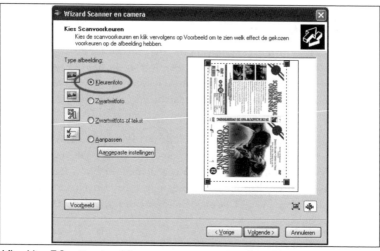

Afbeelding 7.2 *De wizard Scanner en camera van Windows XP.*

5 De wizard **Scanner en camera** van Windows XP is een standaardapplicatie waarmee alle door Windows XP herkende scanners kunnen worden aangestuurd. U kunt de omtrek van de verpakking netjes aangeven en instellen dat er in kleur wordt gescand.

6 Op het moment dat de omtrek en het scantype zijn vastgelegd, kunt u opgeven naar wat voor een bestand er zal worden gescand. Als u BMP kiest, dan krijgt u niet te maken met kleurverlies. Tevens profiteert u van het feit dat alle Windows-programma's overweg kunnen met BMP en dat bespaart weer een mogelijke conversieslag.

7 Afhankelijk van de ingestelde resolutie, de grootte van de afbeelding en de snelheid van de scanner, is Windows XP even bezig met het overhalen van de bitmapinformatie. Als u alle parameters goed hebt ingesteld, dan is dit een eenmalige handeling.

8 Het hoesje kan op ware grootte worden afgedrukt, dus dat is een mooi klusje voor Microsoft Word. Gebruik de opdracht **Invoegen**, **Figuur** en **Uit bestand**. Hiermee kunt u (onder andere) een BMP-bestand van uw vaste schijf afhalen om deze in de getoonde pagina te plaatsen. Als u dat hebt gedaan, dan kunt u gebruikmaken van de figuureigenschappen om de bitmap te verplaatsen en van grootte te veranderen.

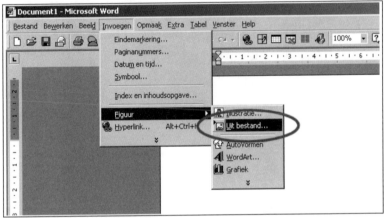

Afbeelding 7.3   *Gebruik de opdracht Invoegen, Figuur en Uit bestand.*

9 Het hoesje is binnengehaald in Microsoft Word. Eigenlijk gebruikt u de tekstverwerker alleen om de bitmap af te drukken op de printer. Uiteraard is het ook mogelijk nog wat eigen teksten toe te voegen, bijvoorbeeld om een persoonlijke noot aan te brengen. Dit laten we geheel aan uw fantasie over!

10 De printer heeft even later z'n werk gedaan. Het eerder ingescande hoesje is netjes op een A4-vel afgedrukt. Wilt u het helemaal perfect hebben, dan is het misschien een idee om op fotopapier af te drukken. De kwaliteit is dan optimaal, maar de afdruk is wel iets duurder.

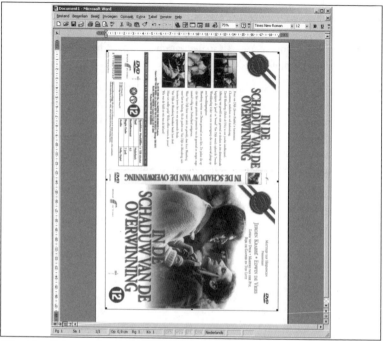

Afbeelding 7.4 *Het hoesje is binnengehaald in Microsoft Word.*

11 De volgende stap is het inscannen van het artwork op het dvd-plaatje. U kunt dat dvd-plaatje (met de afbeelding naar beneden) op de glasplaat leggen. Zo'n dvd-plaatje is dermate dun dat de afdekplaat van de scanner gewoon naar beneden kan.

12 Ook nu gebruiken we de wizard **Scanner en camera** om een bitmap over te halen naar de vaste schijf van de pc. (We attenderen u op de knop **Aangepaste instellingen**. Hiermee kunt u aangeven dat u bijvoorbeeld in een hogere resolutie wilt inscannen. Dit is het proberen zeker waard als u beschikt over een printer die 600 dpi – of meer – kan afdrukken.)

13 Voordat we het label van het dvd-plaatje gaan afdrukken eerst iets heel anders: de cd/dvd-labeling kit. In de handel zijn speciale oplossingen verkrijgbaar waarmee u een cd/dvd-plaatje van een label kunt voorzien. De hier getoonde oplossing heeft een speciaal hulpstuk waarmee de benodigde sticker handig en netjes op het plaatje kan worden aangebracht.

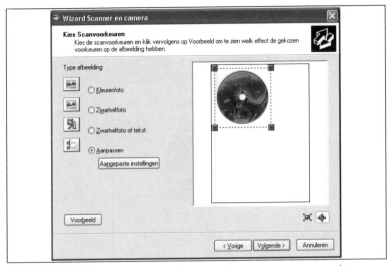

Afbeelding 7.5 *Ook nu gebruiken we de wizard Scanner en camera om een bitmap over te halen naar de vaste schijf van de pc.*

14 Wat vinden we in de doos? Om te beginnen dat speciale hulpstuk. Als u naar de vorm van het labelprogramma kijkt, dan krijgt u al een goed idee van de werking ervan. Anders nog iets? Jazeker, de cd-rom met speciale software en natuurlijk het meegeleverde papier. De software is geoptimaliseerd voor de stickervellen die (op A4) ruimte bieden aan twee cd/dvd-labels.

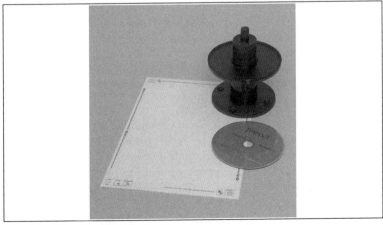

Afbeelding 7.6 *Het speciale hulpstuk.*

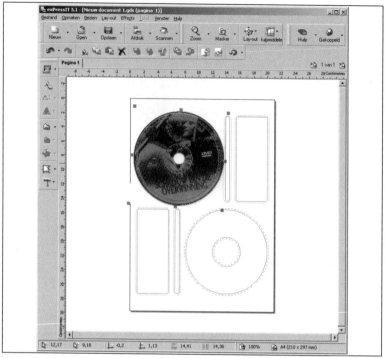

Afbeelding 7.7 *Het basisstramien laat precies zien op welke plek u het artwork moet plaatsen.*

15 De sofware die wordt meegeleverd met deze cd/dvd-labeling kit is wel heel erg eenvoudig te bedienen. Het basisstramien laat precies zien op welke plek u het artwork moet plaatsen. Hierbij kunt u gebruikmaken van een ingescande afbeelding, maar u kunt ook een eigen ontwerp maken. Roteren, vergroten, verkleinen, het is allemaal mogelijk. Naast het label voor op het cd/dvd-plaatje, kunt u ook stickers voor op het doosje verzorgen.

16 Het wordt tijd om te gaan afdrukken. Onze printer is voorzien van twee kleurencartridges, wat aangeeft dat we met een fotoprinter te maken hebben. Het papier waarop het label wordt afgedrukt, is echter geen fotopapier maar een sticker. Dat vergt dus een aparte printerinstelling, want we willen geen inkt uit de kleurencartridge gebruiken die alleen geschikt is voor dat speciale fotopapier. U bent dan ook gewaarschuwd! Voor het afdrukken moet u dus even de instellingen controleren.

17 Een inkjetprinter kan prima overweg met de A4-stickervellen waarop de cd/dvd-stickers zijn ingesneden. De ene printer is de andere niet en daar kan de labelingsoftware rekening mee houden. In bijna alle gevallen vindt u dan ook een speciale functie aan boord, waarmee u de pagina kunt ijken. Dit doet u om ervoor te zorgen dat het label op precies de goede plek wordt afgedrukt. Let wel: u moet de labelingsoftware éérst ijken met behulp van een gewoon (lees: goedkoop) A4'tje om pas daarna de speciale (lees: dure) stickervellen te bedrukken.

18 De sticker wordt aansluitend rustig losgemaakt van het A4'tje. Hierbij mag u niet ruw te werk gaan, want anders scheurt de sticker. Ook even secuur blijven, want anders plakt het label aan uw handen en ook dat is niet de bedoeling.

19 De sticker is losgeplukt en het middengedeelte is vrijgemaakt. Als dat is gedaan, dan wordt de sticker (met het artwork naar beneden) op het speciale hulpstuk geplaatst.

Afbeelding 7.8 *De sticker wordt (met het artwork naar beneden) op het speciale hulpstuk geplaatst.*

20 Volgende stap: het plaatsen van de eerder ingebrande dvd+rw. De gegevenskant van het dvd-plaatje komt natuurlijk boven te liggen. Daarna drukt u van boven op de knop om te zien dat het dvd-plaatje keurig op de sticker verschijnt. De sticker zit nu precies in het midden. Druk het dvd-plaatje even aan om de sticker de kans te geven goed te plakken. Het is van het grootste belang dat de sticker netjes op het dvd-plaatje komt te

Afbeelding 7.9   *Het plaatsen van de eerder ingebrande dvd+rw.*

zitten. Als u slordig te werk gaat, dan zal het dvd-plaatje zich in de dvd-speler gedragen als een niet gebalanceerde band onder uw auto!

21 Dat is keurig netjes gelukt! De sticker is voorzien van de juiste afdruk en vervolgens op het dvd-plaatje geplakt. De noodzaak van het labelen van dvd+rw's zal duidelijk zijn: als u een film gaat bekijken, dan wilt u wel zeker weten dat u met het juiste dvd-plaatje te maken hebt!

22 Tot slot moeten we het hoesje verzorgen. Als eerste kijken we wat het formaat van de nieuw aan te maken verpakking moet worden. Wat blijkt? We moeten een hoesje uitsnijden dat zo'n 12 bij 12 centimeter groot is. Hierbij maken we gebruik van een speciaal snijtafeltje dat u in de kantoorboekhandel kunt kopen. Gaat u in de toekomst nog meer dvd-plaatjes van een originele verpakking voorzien, dan is de aanschaf van zo'n snijtafeltje bepaald gerechtvaardigd.

23 We houden de maat van het toekomstige hoesje in de gaten en we beginnen met het snijden van het bedrukte A4-vel. Niet al het artwork kunnen we meenemen, dus u moet een slimme uitsnede maken. Het is voornamelijk van belang dat u in één oogopslag kunt zien met welke speelfilm u te maken hebt.

Afbeelding 7.10 *Op de snijtafel.*

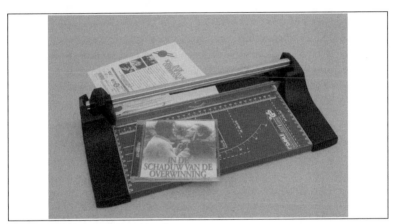

Afbeelding 7.11 *De klus is geklaard.*

24 De klus is geklaard! Het artwork van de originele dvd-speelfilm is gekopieerd en gebruikt in een gewoon cd/dvd-doosje. Eerlijk is eerlijk, dat
oogt een stuk netter dan dat geklieder met de permanente viltstift.

Dvd-hoesjes op internet

Op internet rouleren vele tienduizenden labels (voor op het plaatje) en hoesjes (voor in het doosje). U moet alleen even weten waar u het zoeken moet.
We noemen enkele websites:

▒ **CDCovers.CC**   Op **www.cdcovers.cc** vindt u een website met niet alleen de gebruikelijke audio-cd-hoesjes. Ook de hoesjes van cdi-titels, dvd-titels en games kunnen hier worden gevonden, evenals de nodige cheats. Wat dat aangaat is dit een zeer complete website voor de dvdfreak die graag in het schemerduister opereert. U vindt er ook vele duizenden hoesjes van alle bekende audio-cd's.

▒ **Cover Universe**   Wie een kijkje neemt op **www.coveruniverse.com**, die weet zich gesterkt door een reuze handige zoekmachine. U kunt – bijvoorbeeld – de naam van de speelfilm opgeven, waarna Cover Universe u in contact probeert te brengen met de website waarop het artwork is te vinden, soms zelfs met de complete boekjes. U moet, met behulp van een keuzelijst, wel even de juiste categorie instellen. Van audio-cd tot dvdvideo tot PlayStation, u vindt het hier allemaal!

▒ **Darktown.Com**   Op **www.darktown.com** vinden we een verwijzing naar een Duitstalige website waarop u de nodige hoesjes en labels kunt vinden. Niet alleen voor audio-cd's, maar ook voor dvd, pc, VideoCD, PlayStation, VHS enzovoort. Wat dat aangaat, is Darktown.Com wel heel goed gesorteerd, zij het dat het aantal titels nog wat tegenvalt; maar men is bezig met een stevige inhaalrace! Ook nu kunnen we gebruikmaken van een snelle zoekfunctie.

▒ **CoverWorld.De**   Een andere aanbieder van dvd-labels en -hoesjes vindt u op **www.coverworld.de**. De site is goed voor audio-cd's, dvd-video's, computerspellen enzovoort. Voor alles wat gekraakt en/of gekopieerd kan worden, vindt u hier het bijbehorende artwork. Netjes gerubriceerd en ook nu weer met een handige zoekmachine.

Bekijken en ophalen

We hebben u laten zien waar u terecht kunt, dus gaan we verder met het vervolgtraject. U gaat eerst op zoek naar het juiste artwork en als u dat hebt gevonden, dan kan de download beginnen. Op precies dit moment stappen wij in:

1   We nemen bijvoorbeeld de website CDCovers.CC. Als de dvd-videotitel is gevonden en geselecteerd, dan krijgt u onderin beeld te zien welke onderdelen er kunnen worden opgehaald. In dit geval de voorkant (**Front**), het label (**CD**), de binnenkant (**Inside**) en het inlegvel (**Inlay**). U dient een voor een op de vier genoemde hyperlinks te klikken om ze te selecteren. Let ook op de knop **Download Cover**.

2   We beginnen met de voorkant. Eerst klikt u op de hyperlink **Front** en daarna klikt u op **Download Cover**. U krijgt nu een verkleinde weergave van de dvd-hoes te zien. U kunt met de rechtermuisknop klikken om het artwork op te slaan. U kunt ook de aanwijzer even op de afbeelding laten staan en als de vier pictogrammen verschijnen, dan klikt u op het diskettepictogram om de afbeelding te bewaren.

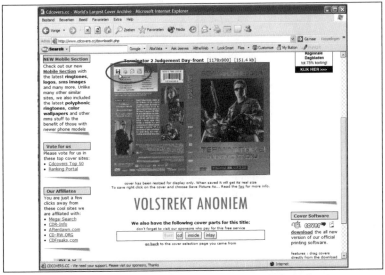

Afbeelding 7.12   *Linksboven in beeld ziet u de handige werkbalk die door Internet Explorer 6 op een afbeelding wordt geplaatst. U had ook met de rechtermuisknop kunnen klikken, om daarna van de juiste snelopdracht gebruik te maken.*

3   Precies hetzelfde geldt voor de opties **CD**, **Inside** en **Inlay**. Klik dus op de hyperlinks, bekijk de voorvertoningen en bewaar de afbeeldingen daarna op de vaste schijf van uw pc. Daarbij maakt u natuurlijk gebruik van handige bestandsnamen, zodat u straks niet in verwarring wordt gebracht.

Controle artwork

Is het artwork opgehaald, dan kunt u bijvoorbeeld Paint Shop Pro starten om te kijken hoe het gesteld staat met de kwaliteit van de afbeeldingen. Zie dat als de controle van het artwork. De grootte is natuurlijk het belangrijkste criterium in deze beoordeling: hoe meer pixels, des te beter wordt de te ma-

Afbeelding 7.13 *Al het van internet opgehaalde artwork is netjes bij elkaar gezet in een en dezelfde map. U herkent de miniatuurweergaven, u kijkt naar de handige bestandsnamen. Met andere worden: wat dat betreft, komen we zo dadelijk niet in de problemen!*

ken afdruk op papier. Indien u dat wenselijk acht, kunt u Paint Shop Pro gebruiken om het beeldmateriaal te verscherpen, lichter te maken enzovoort. In de regel is dit niet nodig, omdat de hoesjes vaak goed zijn ingescand door de aanbieder.

Afbeelding 7.14 *Een controle voordat we verder gaan: met behulp van Paint Shop Pro kunt u zien dat deze vier afbeeldingen voldoen aan onze voorwaarden: lekker groot en netjes ingescand. Ze zijn dan ook zo te gebruiken!*

Afdrukken met CoverXP

Het artwork is binnengehaald en nu moet het worden afgedrukt. Zorgt u voor een goede printer? Dan attenderen wij u op het handige programma CoverXP. Een gratis versie van dit programma is te vinden op **www.coverxp.com**.

1   Als CoverPX is geactiveerd, dan ziet u dat het hoofdvenster uit vier delen bestaat: een hoofdmenu met daarin onder andere de papierkeuze, een **left cover**, een **right cover** en wat reclame in verband met de sponsoring van deze gratis versie. U gaat de vensters **left cover** en **right cover** gebruiken om het opgehaalde artwork neer te zetten. Klik op **Cover templates** om in te stellen welk onderdeel u wilt afdrukken. Van cd-label tot en met dvd-boekje, u vindt het allemaal terug. Maar voordat het zover is, kiest u de optie **Empty**. Dit heeft tot gevolg dat de beide vensters worden leeggemaakt. We doen dit omdat de inhoud van de beide vensters op één A4-vel wordt afgedrukt. En zoals u weet, passen een label en een dvd-hoesje daar niet samen op. We moeten dus even afzonderlijk te werk gaan.

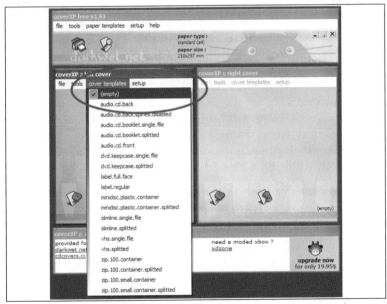

Afbeelding 7.15   *Een rare keuze, maar toch eigenlijk weer niet. Met behulp van Empty zorgt u ervoor dat de beide labelvensters worden leeggemaakt. Hiermee lopen we alvast vooruit op de grootte van een A4-vel.*

2 Zijn beide vensters leeggemaakt, dan gaat u naar **left cover** alwaar u nog-maals de opdracht **cover templates** selecteert, maar nu om te kiezen welk item u wilt verzorgen: het dvd-label of het dvd-hoesje. Is het type art-work ingesteld, kies dan de opdracht **File** en **Open**. Blader naar de plek waar u het artwork hebt neergezet en haal het juiste item op.

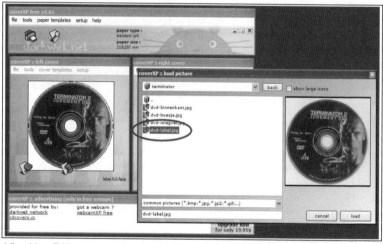

Afbeelding 7.16   *We gaan aan het werk met een label dat op het dvd-plaatje kan wor-den geplakt. Eerst is het juiste type artwork gekozen en daarna gaan we op zoek naar de desbetreffende bitmap die we – weet u nog? – van internet hebben gedownload.*

3 Is het artwork binnengehaald, dan kiest u – in de bovenste werkbalk – de optie **File** en **Preview**. U krijgt nu een voorvertoning van de toekomstige afdruk te zien. Is alles naar wens, dan kiest u de opdracht **File** en **Print** om het ingestelde artwork naar de printer te sturen.

4 De bovenstaande stappen kunt u herhalen voor al het andere artwork dat u nodig hebt. Via de opdracht **Cover templates** stelt u in welk onderdeel u gaat afdrukken. Voor nu geldt dan ook een enzovoort…

Uiteraard hebt u nog een strikvraag: "Wat te doen als u speciaal papier hebt gekocht?" In de computerwinkel kunt u constateren dat er allerlei fraai A4-papier wordt aangeboden: in stickervorm om op het dvd-plaatje te plakken, mooi voorbewerkt om als inlay te dienen enzovoort. Het goede nieuws is dat CoverXP hier heel handig mee om kan gaan. Kies in de bovenste werkbalk de opdracht **Cover templates** om te zien welke voorbewerkte A4-vellen stan-daard door het programma worden ondersteund. Hiermee wordt overigens

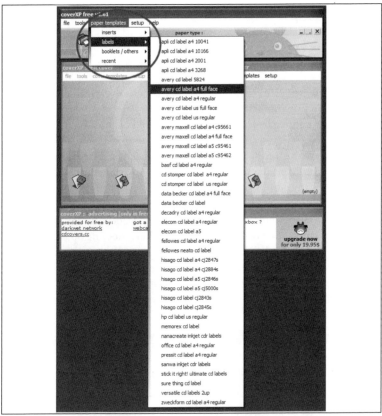

Afbeelding 7.17 *CoverXP weet wel raad met al die speciale A4-vellen die u in de winkel kunt kopen. U kunt het ook omdraaien: eerst checken welke formaten CoverXP ondersteunt om daarna het bijbehorende papier aan te schaffen.*

ook de keuze voor de vensters **left cover** en **right cover** bepaald: wat het A4-vel aankan, kunt u erop laten afdrukken.

Missie volbracht

Onze missie is volbracht. We hebben het artwork gevonden van het dvd-hoesje dat we wilden namaken. Vervolgens hebben we de gevonden bitmaps in het juiste pakket ingelezen en afgedrukt. Afhankelijk van het A4-papier dat u gebruikt, hebt u overigens nog een schaar of een snijmachine nodig om alles precies passend te maken.

Alternatieven

Label op bedrukbare dvd

Tegenwoordig zijn er cd- en dvd-plaatjes te koop die van een spierwitte bovenkant zijn voorzien. In ons geval – we gaan een dvd-video maken – praten we dan over de zogeheten bedrukbare (*printable*) dvd. Om een dergelijk dvd-plaatje te kunnen bedrukken, moet u beschikken over een inkjet-printer die is voorzien van een speciale cd-/dvd-afdrukmodule. Dat is logisch, want u gaat ten slotte niet op standaard A4-papier afdrukken dat in allerlei kronkels dwars door de printer wordt geleid. Een inkjet-printer die bedrukbare cd's en dvd's kan bedrukken wordt geleverd met speciale software waarmee u het artwork kunt samenstellen. Het is de bedoeling dat u het eerder gedownloade en netjes gemaakte artwork importeert in de labelsoftware, waarna u de witte bovenkant van het dvd-plaatje laat bedrukken door de op uw pc aangesloten printer. Afhankelijk van de afdrukkwaliteit die de inkjetprinter op de bedrukbare dvd kan zetten, is het eindresultaat fantastisch! Het voordeel is dat u geen sticker op het dvd-plaatje hoeft te plakken, waardoor u geen risico loopt op leesfouten die ontstaan omdat het dvd-plaatje uit balans raakt bij hoge toerentallen van de dvd-speler.

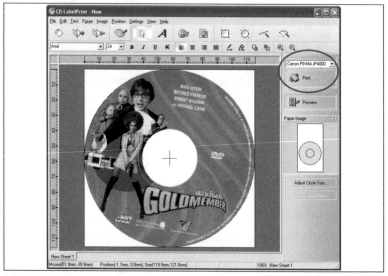

Afbeelding 7.18 *Dit is de softwareoplossing die (in ons geval) met een Canon-printer wordt meegeleverd. Het artwork is eenvoudig te importeren en te positioneren. Daarna een druk op de knop en afdrukken maar…*

Afbeelding 7.19 *Een zéér fraai resultaat! Bovendien zijn bedrukbare dvd's zeer goedkoop, want ze worden ook op spindle verkocht. Er zijn meerdere aanbieders van bedrukbare dvd's, dus er is keuze genoeg.*

Label op LightScribe-dvd

En dan is er nóg een andere manier om een dvd-plaatje van een label te voorzien. Daarbij maken we gebruik van het zogeheten LightScribe-principe, waarvoor u een speciale LightScribe-dvd-rewriter nodig hebt. Meer weten? Surf dan eens naar **www.lightscribe.com** om de officiële LightScribe-website te bezoeken; al is het alleen maar om daar de benodigde labelsoftware (SureThing 4SE) te kunnen downloaden. Als SureThing 4SE is geïnstalleerd op uw pc, moet u ervoor zorgen dat de dvd-rewriter wordt herkend als LightScribe-dvd-rewriter en dat zou kunnen betekenen dat u nog een speciaal stuurprogramma moet downloaden vanaf de website van de makers van de dvd-rewriter. Wordt de dvd-rewriter correct herkend, dan kunt u het artwork overhalen naar SureThing 4SE, waarna u het label kunt laten branden (!) op het speciale LightScribe-dvd-plaatje. Dat branden van het label komt u overigens wel op een kleine 20 minuten wachttijd te staan, want de dvd-rewriter is wel even bezig… Het resultaat is echter een uniek en professioneel ogend dvd-plaatje dat duidelijk herkenbaar is. (Merk op: een LightScribe-dvd-rewriter brandt een dvd-plaatje van twee kanten. Op de onderkant komen de gegevens te staan en op de bovenkant wordt het label gebrand. Dit betekent dus dat het dvd-plaatje in de dvd-rewriter moet worden omgedraaid!)

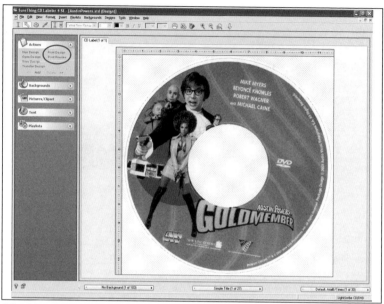

Afbeelding 7.20 *We hebben het artwork voor het cd-label geïmporteerd in SureThing 4SE. Op dit moment worden de kleuren nog getoond, maar daar zal zodadelijk verandering in komen.*

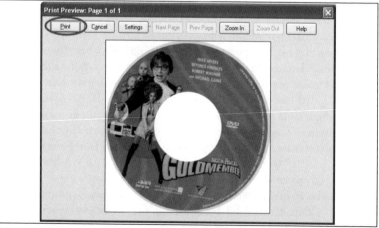

Afbeelding 7.21 *Pal voor het afdrukken (= branden) op het LightScribe-dvd-plaatje: de kleuren zijn veranderd en we kijken naar grijswaarden. Het afwerken van dit dvd-label duurt een kleine 20 minuten.*

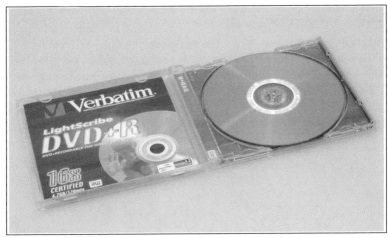

Afbeelding 7.22   *Hier kijkt u naar een LightScribe-dvd-plaatje. Helaas is een LightScribe-dvd-plaatje wat duurder dan andere dvd's. Aan de andere kant: het oog wil ook wat!*

Afbeelding 7.23   *De LightScribe-dvd-rewriter heeft het LightScribe-dvd bedrukt (= gebrand) en dit is het resultaat. Eventueel kunt u – in de software – wat meer contrast gebruiken, maar dat valt onder de noemer fine-tunen.*

Labels vergelijken

Hebt u de kans, dan moet u de hierboven geassembleerde labels eens met elkaar vergelijken. U ziet dan direct dat de bedrukbare dvd de meest interessante optie is: een fraai resultaat en (heel belangrijk) niet duur. Tevens is een bedrukbare dvd eenvoudig en snel te bedrukken, zonder risico's voor de leesbaarheid van de gegevens.

Afbeelding 7.24 *Verschillende labels op een rijtje. U kijkt naar de uiteenlopende resultaten en het is direct duidelijk dat de LightScribe-dvd het meest tot de verbeelding spreekt. Maar de bedrukbare dvd is toch het mooist!*

Hoofdstuk 8
Dvd-rewriter inbouwen

Op dit moment worden de dvd-rewriters betaalbaar. Hetzelfde geldt voor de dvd-plaatjes: ook daarvan wordt de prijs aantrekkelijk. De aanschaf van een dvd-rewriter is daarmee gerechtvaardigd. Natuurlijk moet u nog wel even opletten, want de ene aanbieding is de andere niet. We hebben het dan over de meegeleverde software, het aantal meegeleverde dvd-plaatjes en over de inbrandmogelijkheden.

Stap voor stap zelf doen

Men neme een pc die nog plaats heeft voor een dvd-rewriter. Dat klinkt als een open deur en dat is het ook! Wilt u all-round gebruik kunnen maken van de dvd-rewriter, dan hebt u een lege 5,25-inch-opening nodig. Uiteraard is het ook mogelijk een bestaande cd-rom- of dvd-speler te verwijderen. In het ideale geval zal uw pc worden voorzien van een dvd-speler en van een dvd-rewriter. Met deze combinatie is het namelijk mogelijk kopieën te maken van zowel cd's als dvd's. Immers, de dvd-speler kan ook cd's uitlezen en de dvd-rewriter kan ook cd-r's en cd-rw's beschrijven. Als dvd-speler kunt u ook gebruikmaken van een combi-apparaat dat dvd's kan lezen en cd's kan lezen en inbranden. Goed, ons verhaal begint met een bestaande pc en de aanschaf van een dvd-rewriter.

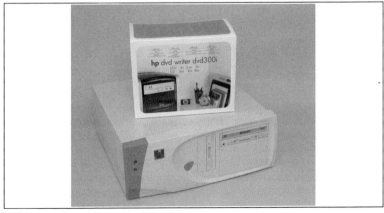

Afbeelding 8.1 *Hiermee gaan we aan de slag.*

1 Hiermee gaan we aan de slag: een bestaande pc en een nieuwe dvd-rewriter. Zoals u ziet, is dit geen OEM maar een *retail* dvd-rewriter. Dat verschil zit hem in de verpakking en in de extra's. Als u een OEM dvd-rewriter koopt, dan bent u wat goedkoper uit, maar dan krijgt u alleen een kale speler in handen. Hebt u al vaker een dvd-rewriter ingebouwd en beschikt u al over dvd-inbrandsoftware, dan is OEM wel zo slim. Is het uw eerste keer, dan graag retail…

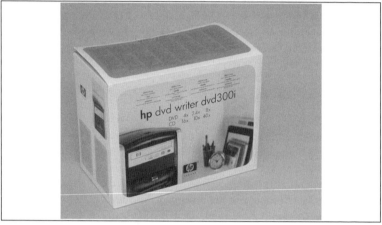

Afbeelding 8.2 *Precies de dvd-rewriter die we wilden hebben.*

2 Precies de dvd-rewriter die we wilden hebben, want we kunnen er dvd+r's en dvd+rw's mee beschrijven. Volgens de specificaties worden cd-rom's gelezen met 40-speed. Een cd-r beschrijven gaat op 16-speed, een cd-rw op 10-speed. Een dvd-plaatje wordt gelezen met 8-speed. Een dvd+r beschrijven gaat op 4-speed, een dvd+rw op 2,4-speed. Hoezo allround?

3 We kijken naar de geleverde onderdelen. Zoals gezegd, hebben we te maken met een retail dvd-rewriter. De speler, platte kabel, schroefjes, software, probeerplaatjes, handleiding… het zit er allemaal bij, dus u hoeft niet nog eens apart naar de elektronicazaak voor inbouwonderdelen.

4 We bekijken de dvd-rewriter van de achterkant. Van links naar rechts zien we de gangbare connectors en de gebruikelijke switches: van analoog audio tot en met voeding. Merk op dat de aanwezigheid van analoog audio wel degelijk betekent dat we audio-cd's kunnen afspelen met behulp

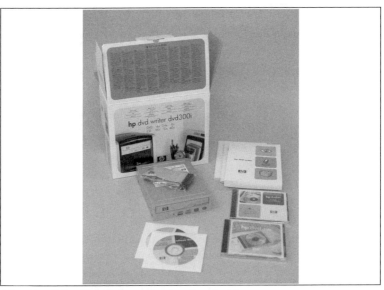

Afbeelding 8.3 *We kijken naar de geleverde onderdelen.*

Afbeelding 8.4 *De dvd-rewriter van de achterkant gezien.*

van deze dvd-rewriter. Verder moet u onthouden dat pin 1 zich aan de kant van de voeding bevindt.

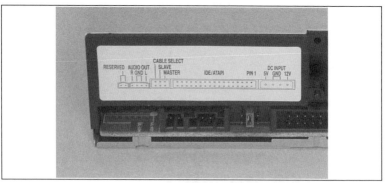

Afbeelding 8.5 *De handleiding van de dvd-rewriter is in de vorm van een sticker op de speler geplakt.*

5 De handleiding van de dvd-rewriter is in de vorm van een sticker op de speler geplakt. Het gaat ons voornamelijk om het master-/slaveverhaal, want daarmee moeten we rekening houden als we twee apparaten op één IDE-interface willen aansluiten. Hoe was het ook alweer? Juist: het ene apparaat is master en het andere apparaat is slave.

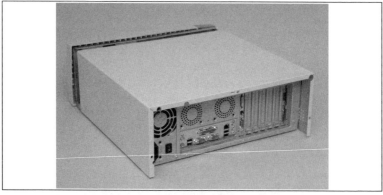

Afbeelding 8.6 *De systeemkast wordt opengeschroefd.*

6 De systeemkast wordt opengeschroefd. Toch even een moment van be-zinning, want het zou kunnen betekenen dat u de garantie uitloopt. Is uw pc door de fabrikant of door de dealer geassembleerd, dan is het slim vooraf te controleren welke gevolgen het openmaken van de systeemkast heeft voor uw garantieperiode. In het ergste geval moet de dvd-rewriter dan door de dealer worden ingebouwd.

Afbeelding 8.7 *De systeemkast is geopend.*

7 Als de systeemkast is geopend, moeten we bepalen welke onderdelen er
nog meer in de weg zitten. Hier zien we een stabilisatieplaat die we zullen
gaan verwijderen. Die stabilisatieplaat houdt de pc bij elkaar en zorgt er
tevens voor dat u een zware beeldbuis op de desktop kunt zetten zonder
dat het systeem in elkaar stort.

Afbeelding 8.8 *De kabels zijn verwijderd.*

8 We hebben meteen wat ruimte gemaakt door de kabels uit de bestaande
cd-rewriter annex dvd-speler te verwijderen. Het ging hierbij om analoog
audio, IDE en voeding. Het is misschien niet al te goed zichtbaar, maar
deze speler is ingesteld als slave.

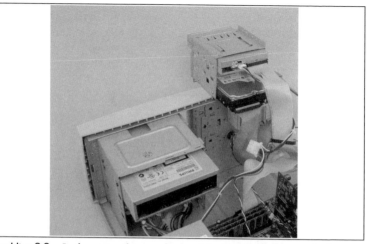

Afbeelding 8.9 *In deze systeemkast worden het diskettestation en de vaste schijf in een aparte losse houder gemonteerd.*

9 In deze systeemkast worden het diskettestation en de vaste schijf in een aparte losse houder gemonteerd. Vervolgens wordt die losse (3,5-inch-) houder vastgeschroefd tegen de zijkant van de vaste (5,25-inch-)houder waarin de cd-rom- en de dvd-spelers komen te zitten. We moeten de vaste houder van twee kanten kunnen benaderen en daarom wordt de losse houder even terzijde geschoven.

Afbeelding 8.10 *De bestaande cd-rewriter annex dvd-speler wordt uit de 5,25-inch-opening genomen.*

10 De bestaande cd-rewriter annex dvd-speler wordt uit de 5,25-inch-opening genomen. Over enige ogenblikken wordt er een tweede 5,25-inch-opening vrijgemaakt en dat gaat gepaard met het nodige breekwerk. Dat verwijderen van die speler komt neer op het losschroeven en het uitschuiven ervan.

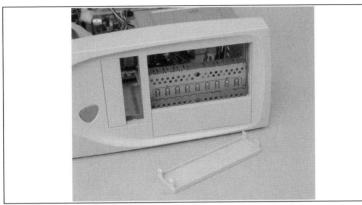

Afbeelding 8.11 *Begin met het weghalen van het kunststof afdekplaatje.*

11 U begint met het weghalen van het kunststof afdekplaatje. Erachter komen we wat gestanst metaal tegen. Dat metaal kunt u eenvoudig verwijderen door even te wrikken met uw handen en/of een schroevendraaier. Dit is een eenmalige actie: wat u hebt losgetrokken kan nooit meer worden teruggeplaatst.

Afbeelding 8.12 *Instellingen voor master en slave.*

12 Herinnert u het zich nog? Dat master-/slaveverhaal? De nieuwe dvd-re-writer wordt ingesteld als master en de oude cd-rewriter annex dvd-speler laten we op slave staan. U had dit ook om kunnen draaien, dat maakt na-melijk niets uit. Nogmaals, op één IDE-interface kunnen twee IDE-ap-paraten worden aangesloten als de ene master is en de andere slave. De combinaties master/master en slave/slave mogen niet worden gemaakt!

Afbeelding 8.13 *De master wordt boven de slave geplaatst.*

13 Naar goed gebruik wordt de master boven de slave geplaatst. Straks, als we de platte IDE-kabel gaan aansluiten, wordt duidelijk waarom dat ge-beurt. Aan de zijkant van de 5,25-inch-houder bevinden zich de ope-ningen voor de schroeven. U zult zien dat de beide spelers maar op één manier kunnen worden gemonteerd: op de juiste manier!

Afbeelding 8.14 *Het vastschroeven van de spelers aan de makkelijke kant.*

14 U hebt – per speler – de beschikking over acht schroefopeningen en vier schroefjes. Plaats twee schroefjes aan beide kanten van de speler: één boven, één onder. Het zou kunnen zijn dat de 5,25-inch-houder iets te ruim is voor de spelers. In dat geval monteert u de schroefjes, maar u draait ze nog niet vast. Daar wacht u even mee totdat de schroefjes aan de andere kant ook hebben 'gepakt'.

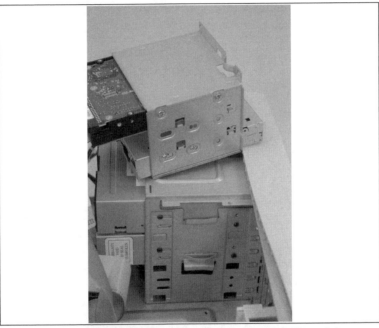

Afbeelding 8.15   *Het vastschroeven van de spelers aan de 'moeilijke' kant, de kant waar de losse 3,5-inch-houder zal worden gemonteerd.*

15 Wellicht hebt u een niet al te lange en smalle schroevendraaier nodig, want u werkt heel dicht tegen de systeemkast aan. Even opletten dat u de schroefjes niet scheef in de schroefdraad draait! Met enig beleid te monteren derhalve...

16 De losse 3,5-inch-houder wordt weer netjes op de juiste plek teruggeschoven. Ook nu gaat u weer met beleid te werk, want het is niet moeilijk om – in het bijzonder – de voorkant van het diskettestation te beschadigen. Hierbij moet u zich realiseren dat de losse 3,5-inch-houder als een soort slede over de vaste 5,25-inch-houder wordt geschoven.

Afbeelding 8.16 *De losse 3,5-inch-houder wordt weer netjes op de juiste plek teruggeschoven.*

Afbeelding 8.17 *Aansluiten van de voedingsdraden.*

17 De voedingsdraden worden aangesloten op de dvd-rewriter, op de cd-rewriter annex dvd-speler, op het diskettestation en op de vaste schijf. Het diskettestation maakt gebruik van een kleine voedingsstekker, dus u moet even kijken welke van de gecombineerde hoofdvoedingsdraden hierin voorziet.

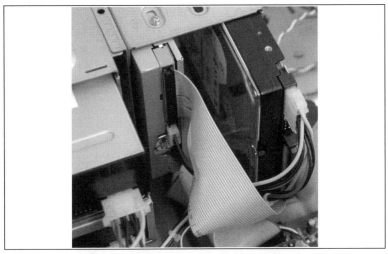

Afbeelding 8.18 *Het diskettestation wordt voorzien van z'n platte kabel.*

18 Het diskettestation wordt voorzien van z'n platte kabel. Let wel, dit is geen IDE-kabel, maar een aparte diskettekabel. De rode draad komt altijd op pin 1 te zitten. Ezelsbruggetje: pin 1 zit aan de kant van de voeding. Dat moet u even onthouden, want op diskettestations staat bijna nooit aangegeven waar pin 1 zit. Het zou wel erg onhandig zijn als u de pc moet inschakelen om te weten te komen of het diskettestation werkt en – dus – de kabel goed is gemonteerd.

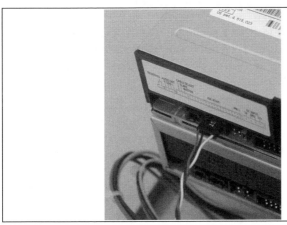

Afbeelding 8.19 *Dit kabeltje verbindt de dvd-rewriter met de geluidskaart.*

19 Als er een audioplaatje in de dvd-rewriter wordt geplaatst, dan kan deze spontaan worden afgespeeld, waarna het geluidssignaal direct (lees: zonder tussenkomst van software) naar de geluidskaart kan worden gestuurd. Met behulp van de volumeregeling van Windows zorgt u ervoor dat de songs over de speakers zijn te horen.

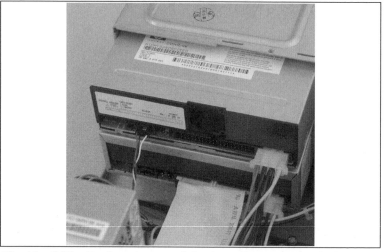

Afbeelding 8.20 *De cd-rewriter annex dvd-speler wordt aangesloten op de platte IDE-kabel.*

20 De cd-rewriter annex dvd-speler wordt aangesloten op de platte IDE-kabel. Deze IDE-kabel is op het moederbord in de IDE 2-connector geplaatst. Op IDE 1 vinden we natuurlijk vaste schijf C:. Het gaat om de slave en hier steken we de middelste flatcableconnector in. We weten waar pin 1 zich bevindt: aan de kant van de voeding. Tevens wordt pin 1 aangegeven op de speler.

21 De dvd-rewriter wordt erbij geplaatst op de IDE-flatcable. Hiervoor gebruiken we de buitenste flatcableconnector. Dat is dus de connector die het verst afligt van het moederbord. Ook nu vinden we pin 1 aan de kant van de voeding. U merkt nu ook waarom we de slave onder en de master boven hebben geplaatst: dan hoeft de platte kabel geen onhandige draai te maken als we de connector aan het uiteinde van de flatcable op de master plaatsen.

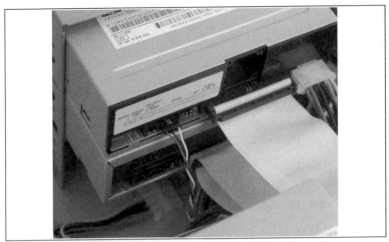

Afbeelding 8.21 *De dvd-rewriter wordt erbij geplaatst op de IDE-flatcable.*

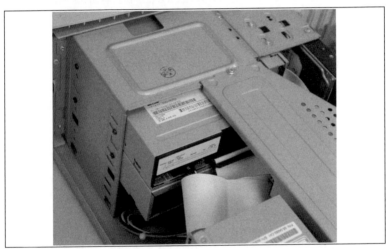

Afbeelding 8.22 *Alles zit op de juiste plaats.*

22 Alles zit op de juiste plaats en dus kan de kast worden afgemonteerd, te beginnen met de speciale beschermplaat. Op een systeemkast van het type desktop komt altijd een monitor te staan. Gaat het om een (lood)zware monitor, dan moet u niet vergeten die beschermplaat terug te plaatsen.

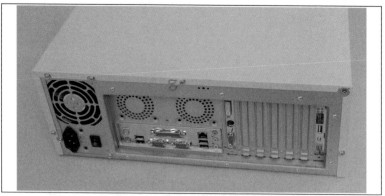

Afbeelding 8.23 *De systeemkast wordt dichtgemaakt.*

23 De systeemkast wordt dichtgemaakt en vervolgens vastgeschroefd. Als u goed naar de achterkant kijkt, dan ziet u dat het mogelijk is twee extra ventilatoren te plaatsen. Dat moet u even onthouden, want deze wetenschap kan van pas komen als u constateert dat het moederbord (lees: de processor) te warm wordt. Het plaatsen van een extra ventilator kan er dan voor zorgen dat de verwarmde lucht sneller wordt afgevoerd.

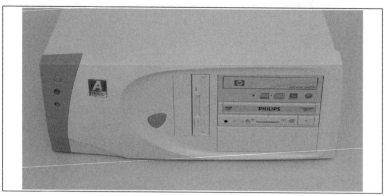

Afbeelding 8.24 *Bijna klaar!*

24 Ziet dat er goed en professioneel uit of niet? We bedoelen maar! Dit systeem kan *on the fly* een dvd uitlezen en een dvd+r/dvd+rw beschrijven. Dat raden we u overigens niet aan, want het maken van een tussentijds imagebestand werkt wat stabieler.

25 Het systeem is helemaal opgefrist en klaar voor onze dvd-avonturen. Bestanden, speelfilms, MP3's... u kunt het nu allemaal op dvd zetten! Alleen de gewenste inbrandsoftware moet nog worden geïnstalleerd.

26 Als u de pc aanzet, dan moet u zeker even naar de BIOS Setup toegaan, al was het alleen maar om te constateren dat de dvd-rewriter en de cd-rewriter annex dvd-speler keurig netjes worden herkend door het BIOS. Dat geeft in ieder geval aan dat de hardware goed is gemonteerd.

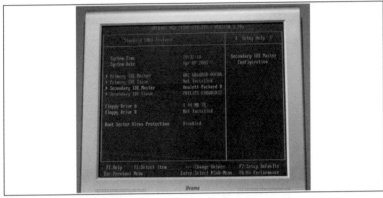

Afbeelding 8.25   *Tot slot...*

Afbeelding 8.26   *...het controleren van het BIOS.*

Hoofdstuk 9
Van tv naar dvd

Het is mogelijk de pc te voorzien van een tv-kaart. Daarmee kunt u de televisiebeelden bekijken die u via de kabel bereiken. Dat niet alleen: u kunt die
televisiebeelden ook opnemen, waarbij uw vaste schijf dienstdoet als videorecorder. U kunt nog een stapje verdergaan: de beelden die u aldus hebt opgeslagen kunnen op een dvd-plaatje worden ingebrand.

Televisiebeelden opnemen

Alles staat of valt met de aanwezigheid van een tv-kaart. En laten we vooral
de software niet vergeten die met die tv-kaart is meegeleverd, want ten slotte
is de programmatuur verantwoordelijk voor alle mogelijkheden die u tot uw
beschikking hebt. Een van die mogelijkheden is het kunnen opnemen van
televisiebeelden. Wij gaan aan het werk met de PCTV-oplossing van
Pinnacle, waarbij we beginnen met de juiste afregeling van de software:

1   Als eerste dient u het programma te starten. Doet u dat voor de eerste
    keer en is de kabel op de tv-kaart aangesloten, dan worden een voor een
    alle kanalen gezocht en ingeprogrammeerd. Hierbij worden de meeste

Afbeelding 9.1   *Nee, u hoeft alle televisiekanalen niet zelf op te zoeken: dat doet
Pinnacle PCTV wel voor u; om precies te zijn met de functie Zender zoeken. Het gevolg is
dat de tv-tuner zichzelf inregelt. Gemak dient de mens!*

kanalen correct herkend, wat betekent dat u wat later direct van bijvoorbeeld Nederland 1 naar RTL 4 kunt schakelen.

Afbeelding 9.2 *Televisiekijken op de pc en wel met behulp van Pinnacle PCTV. We hebben op dit moment op de kanaalkiezer geklikt en zoals u kunt zien kan er direct worden gezapt tussen de diverse stations.*

2 Wij zijn geïnteresseerd in de opnamemogelijkheden van Pinnacle PCTV, wat betekent dat we enkele instellingen moeten doornemen. Waar komen de videobestanden terecht? In welk formaat worden de bestanden opgeslagen? Ook is er aandacht voor de kwaliteit (de sterkte) van het audiosignaal. U bereikt de menustructuur van de Pinnacle PCTV-software door met de rechtermuisknop in het televisievenster te klikken.

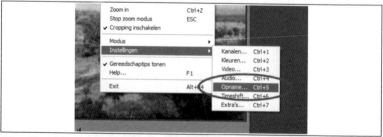

Afbeelding 9.3 *In eerste instantie makkelijk, in tweede instantie toch iets moeilijker... Als we in het venster van PCTV Vision (dat is de naam van de software) klikken, dan verschijnt een uitgebreid snelmenu. We moeten uiteraard bij de optie Instellingen zijn. Daar kiest u Opname.*

3 Op het tabblad **Opname** van het dialoogvenster **Instellingen** kunt u zien wat de opslagmogelijkheden zijn. Deze mogelijkheden worden mede bepaald door de PCTV-versie die u hebt geïnstalleerd. Hier kunt u bepalen op welke manier de opgenomen beelden moeten worden bewaard op de vaste schijf, wat een kwestie is van kiezen tussen grootte (lees: 'kleinte') en kwaliteit. Op zich is het opslagformaat MPEG-1 met een resolutie van 352 x 288 prima geschikt. Dit is namelijk precies de resolutie van een VideoCD. Uitvergroot op het gewone televisiescherm levert dat een beeldkwaliteit op die vergelijkbaar is met VHS. Los daarvan, levert dit bestandsformaat een bestandsgrootte op die toch al aanzienlijk is te noemen! Wijzig tevens de plek waar de video-opnamen worden opgeslagen. Standaard komt u ergens in C:\Program Files\Pinnacle\ terecht. Beter is \Mijn documenten\Mijn video's.

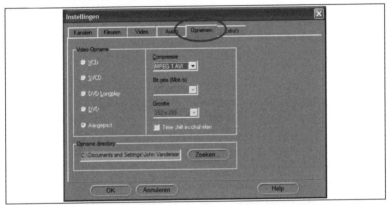

Afbeelding 9.4 *De opname-instellingen. De keuze voor het bestandsformaat en de resolutie worden niet alleen bepaald door de mogelijkheden van de software, maar ook door de kracht van de computer. Hoe snel is de processor en hoe groot is de vaste schijf? Van die dingen...*

4 Een andere instelling is die voor het geluid. U moet namelijk even opgeven welke geluidspoort verantwoordelijk is voor het audiosignaal. Pinnacle PCTV wordt met behulp van een speciaal kabeltje verbonden met de Line In van de geluidskaart. Daarom wordt de lijningang ingesteld als leverancier van het audiosignaal. Verder moet u nog wat spelen met de kracht van dat audiosignaal. Dat is een kwestie van het slepen met de schuifregelaar **Volume geluidsopname**. Of het geluidsniveau acceptabel is? Luister even mee met de speakers en zorg ervoor dat de meter niet in het rood slaat.

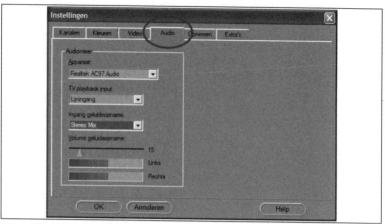

Afbeelding 9.5 *Het tabblad Audio van het dialoogvenster Instellingen wordt gebruikt om de eigenschappen van het geluidssignaal te verzorgen. U geeft op welk audioapparaat wordt gebruikt, welke invoerkanalen van toepassing zijn en wat het ideale volumeniveau is.*

5 Op dit moment is PCTV Vision zodanig ingesteld dat we er beelden mee kunnen opnemen naar de vaste schijf van de pc. Klik in het venster van de software en kies de snelopdracht **Modus** en **Opname**. Dit heeft tot gevolg dat het venster van PCTV Vision wordt uitgebreid met recorderfuncties. Op dit moment kunt u bewegende beelden opnemen, maar ook een schermafbeelding maken.

Afbeelding 9.6 *De opnamemogelijkheden van PCTV Vision zijn erbij gekomen. Zie dit gewoon als een extra werkbalk, precies zoals u dat gewend bent van andere Windowsprogramma's. De knoppen die we zien, herkennen we van de gewone videorecorder. Met het rode rondje kunnen we de opname starten en ook weer stoppen.*

6 Hebt u enkele videofragmenten opgenomen, dan moet u eens een kijkje nemen in de map die u hebt ingesteld tijdens het werken op het tabblad **Opname** van het dialoogvenster **Instellingen**. Hier zult u de map Video's aantreffen met daarin een aantal bestanden die – zoals de miniatuurweergaven aangeven – kunnen worden afgespeeld met behulp van Windows Media Player. Houd de Ctrl-toets ingedrukt en klik op de AVI-bestanden. Zoals u ziet, ontstaat er dan een selectie. Linksboven in beeld, in het taakvenster, wordt de optie **Selectie afspelen** getoond. Door op deze optie te klikken, wordt Windows Media Player geopend en worden de geselecteerde AVI-bestanden ingelezen en afgespeeld.

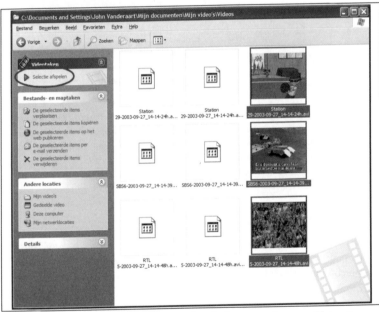

Afbeelding 9.7 *Dit is de map waarin we de videofragmenten bewaren. Het gaat ons hierbij om de herkenbare pictogrammen: die zijn namelijk gekoppeld aan Windows Media Player. De andere bestanden worden gebruikt door PCTV Vision. Maak een selectie en kies de optie Selectie afspelen.*

7 Aansluitend wordt Windows Media Player gestart. De geselecteerde videofragmenten worden ingelezen en keurig afgespeeld. Als u dat wilt, dan kunt u overschakelen naar het volledige scherm (druk op de toetscombinatie Alt+Enter) om te zien hoe een opname uitpakt als deze wordt uitvergroot. U zult zien dat de kwaliteit alleszins redelijk is.

Afbeelding 9.8   *Het bewijs dat de videofragmenten die zijn aangemaakt met behulp van PCTV Vision volledig inzetbaar zijn. Immers, ook Windows Media Player kan er-mee overweg. Dit geeft direct aan dat u de videofragmenten ook met behulp van andere multimediaprogramma's kunt inlezen, bekijken en (natuurlijk!) bewerken. Hoewel? U hebt mogelijk het hulpprogramma VirtualDub nodig als u de door PCTV Vision aange-maakte AVI-bestanden zonder brokken wilt overhalen naar Windows Movie Maker, naar Nero Vision Express enzovoort.*

Pc als videorecorder

Goed, het opnemen van videofragmenten is gelukt. Hiermee is aangetoond dat de pc (in combinatie met de tv-kaart en de bijbehorende software) als videorecorder kan worden ingezet. Het wordt echter een ander verhaal op het moment dat u een opname op afstand en in de toekomst wilt verzorgen; denk hierbij aan het instellen van de videorecorder. Gelukkig behoort ook dát tot de mogelijkheden van de software die met een knappe tv-kaart is meegeleverd.

1   Wat wilt u opnemen? Om dat te weten te komen, surft u naar **www.tvgids.nl**. U kunt dan een compleet programmaoverzicht opvragen van alles wat er op televisie te zien is. Graag attenderen we u op het tab-blad **Snelgids** waarmee u te weten komt of er vandaag iets van uw gading wordt getoond. Klik op uw favoriete categorie om te zien of er een pro-gramma is dat het waard is om te worden opgenomen. Zo ja, dan moet u even de zender en de tijd onthouden.

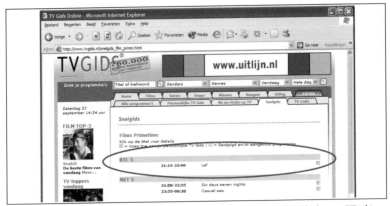

Afbeelding 9.9 *De hoofdfilms van vanavond worden getoond. Eens kijken... Wij kiezen voor Lef. De film wordt uitgezonden op RTL5, om precies te zijn tussen 21:15 en 23:00 uur.*

2 Zorg ervoor dat PCTV Vision naar het gewenste televisiekanaal kijkt. Dat is slechts een kwestie van handig schakelen. Wij hebben inmiddels al ontdekt dat we op RTL5 moeten zijn.

Afbeelding 9.10 *Aan te raden: als u de eigenschappen van een geprogrammeerde opname gaat vastleggen, dan controleert u het juiste televisiekanaal nog even.*

3 Klik nu met de rechtermuisknop in het venster van PCTV Vision. Selecteer de snelopdracht **Opname-assistent**. Het dialoogvenster **Rooster** verschijnt nu op het beeldscherm. Klik op de knop **Toevoegen** om een nieuw item aan de lijst met op te nemen programma's toe te voegen.

4 Nu is het zaak het dialoogvenster **Opnametaak invoegen** correct in te vullen. U geeft het programma een titel. U bepaalt of de opname eenmalig is of regelmatig terugkeert. Eventueel selecteert u een ander televisiekanaal door op de knop **Selectie** te klikken. Verder hebt u te maken met de datum van de uitzending, het begintijdstip van de opname en het eindtijdstip van de opname.

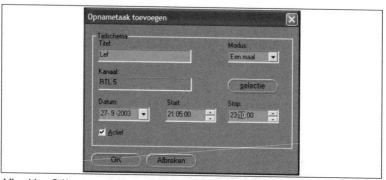

Afbeelding 9.11 *Het instellen van de opnameparameters. Zoals u dat gewend bent van de videorecorder, doet u niet al te zuinig met de tijdsinstellingen. Niet zelden begint een uitzending iets eerder, niet zelden duurt een uitzending wat langer.*

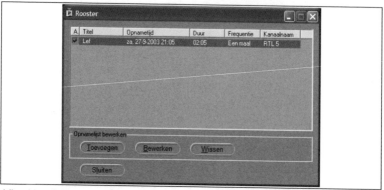

Afbeelding 9.12 *U realiseert het zich misschien niet, maar het gaat spannend worden. Zal de speelfilm Lef nu wel of niet worden opgenomen door PCTV Vision. We kunnen hierover kort zijn: alles zal geheel volgens plan verlopen!*

5 Even later wordt de opnametaak bevestigd. In het dialoogvenster **Rooster** kunt controleren of de opnameparameters acceptabel zijn. Zo niet, dan kunt u die opnameparameters aanpassen door op de knop **Wijzigen** te drukken. Op zich hoeft u nu niets meer te doen. U laat de pc gewoon aan staan, waarna PCTV Vision de rest zal doen.

Controle opname

Enfin, u kunt de volgende dag eens kijken hoe de opname heeft uitgepakt. Hiervoor opent u de map die is ingesteld om de videofragmenten te ontvangen. U zult zien dat de diverse opnamen keurig netjes zijn gemaakt en aangekomen. Ook nu kunt u Windows Media Player gebruiken om te kijken of de gewenste aflevering in zijn geheel is opgenomen. Dat blijkt inderdaad het geval te zijn.

Afbeelding 9.13 *In de map waarin de videofragmenten worden bewaard, komen we de verwachte en gewenste bestanden tegen. De speelfilm is ruim opgenomen, vandaar nog een klein stukje sport.*

Wilt u een opname helemaal netjes maken, dan is het interessant om een videobewerkingsprogramma te gebruiken waarmee u in de film kunt knippen. Zo kunt u Windows Movie Maker gebruiken om het begin en het einde van de toekomstige dvd-speelfilm goed in te stellen. In dat geval importeert u de videoclip en u stelt Windows Movie Maker in op **Tijdlijn**. Daarna kunt u het begin en het einde fijnregelen. Tijdens het slepen met het beginpunt en het eindpunt, krijgt u te zien welke beelden op dat moment vertoond zouden worden.

Ook VirtualDub kan uitstekend worden gebruikt om de ongewenste (reclame)blokken te verwijderen. U kunt de aanwijzer van VirtualDub gebruiken om door de film heen te bewegen; dat kan ook door er met de muis op te klikken. Terwijl u dat doet, kunt u een begin- en een eindpunt markeren.

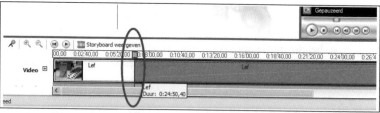

Afbeelding 9.14 *Windows Movie Maker komt handig van pas als u de het beginpunt en het eindpunt van de opgenomen televisiebeelden wilt aanpassen.*

Afbeelding 9.15 *VirtualDub kan selecties maken die als het ware middenin de speelfilm zitten. Hierdoor wordt het mogelijk om reclameblokken weg te gooien. U zult het zien, een opnametijd van ruim twee uur wordt dan opmerkelijk ingekort tot de anderhalf uur die de film echt lang is!*

Tussen dat begin- en eindpunt kan een selectie worden ingesteld. Die selectie kan vervolgens eenvoudig worden verwijderd. Merk op: een selectie kan ook midden in de film worden ingesteld. Tijdens het bladeren door de film heeft VirtualDub diverse mogelijkheden, zoals 1 frame of 50 frames doorstappen. Het kan dus zowel langzaam als snel. Hiermee is tevens aangetoond dat VirtualDub niet mag ontbreken in de gereedschapskist van de zichzelf respecterende dvd-doe-het-zelf-bakker!

Video naar dvd

Het wordt spannend, want nu willen we de opgenomen beelden inbranden op een dvd-plaatje, zodat we deze kunnen afspelen met behulp van de dvd-speler (hetzij met behulp van de dvd-speler in de computer, hetzij met behulp van de dvd-speler die onder de televisie in de huiskamer staat). Wat hebt u nodig? Eenvoudig: software waarmee u een video-dvd kunt creëren. Dergelijke software wordt met de meeste retail dvd-rewriters meegeleverd. Enkele bekende titels zijn NeoDVD van MedioStream (**www.mediostream. com**) en ShowBiz DVD van ArcSoft (**www.arcsoft.com**). Neem ook zeker een kijkje op de website van Ulead (**www.ulead.com**) voor de applicatie DVD MovieFactory. De hier genoemde programma's kunt u gebruiken om een videofragment dat u hebt opgenomen te laten ombouwen naar een video-dvd, met mogelijkheden om een menu te bouwen, om verschillende fragmenten op dezelfde dvd te laten zetten enzovoort. We hadden natuurlijk Nero Vision Express kunnen gebruiken, maar dat doen we niet. Nee, we tonen u ShowBiz DVD als alternatief om de speelfilm op een dvd+rw te zetten.

1 De eerder opgenomen (en netjes gemaakte) speelfilm staat klaar en u weet waar u deze kunt vinden. Start de ShowBiz DVD-wizard en geef aan dat u een nieuw project wilt aanmaken. In ons geval willen we een dvd maken, waarbij we gebruikmaken van aanwezig materiaal. Het is tevens mogelijk om een dvd direct op te nemen en in te branden, om een video te bewerken en om een VideoCD te maken. Wij gaan voor de hoogste kwaliteit: voor de dvd.

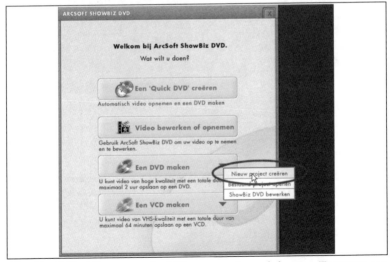

Afbeelding 9.16 *Wat gaan we doen? We gaan een nieuwe dvd creëren. Toegegeven, met het materiaal dat wij aanbieden had dat ook een VideoCD kunnen worden. Dat neemt niet weg dat de kwaliteit van een dvd gewoon beter is.*

2 Het hulpprogramma dat vervolgens actief wordt, kent vier onderdelen die u een voor een moet doorlopen: **Ontwerp**, **Video ophalen**, **Authoring** en **Producen**. We beginnen evenwel met de tweede stap, met het ophalen van de videofragmenten. Dat klinkt misschien wat raar, maar als u zelf aan de slag gaat met ShowBiz DVD, dan merkt u dat deze manier van werken een stuk logischer is. Wat blijkt? De functie **Ontwerp** moet worden toegepast op de videofragmenten die u bij **Video ophalen** hebt ingelezen. Tevens merken we op dat u de getoonde titels links en rechts kunt wijzigen. Klik vervolgens en gebruik het toetsenbord om de gewenste teksten in te voeren. Als u een AVI-bestand gaat importeren in ShowBiz DVD, dan doet u dat naar een nieuw album. Open de lijst met meegeleverde albums eens, want dan ziet u dat ShowBiz DVD nogal wat mooie voorbeelden meelevert.

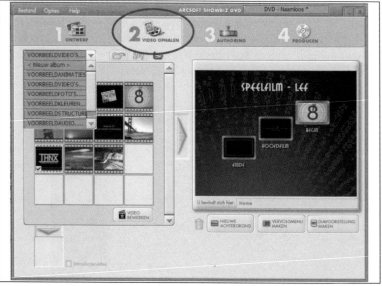

Afbeelding 9.17 *De Lef-speelfilm is ingelezen. En dat niet alleen: we hebben ook twee standaard meegeleverde videofragmenten meegenomen. Dat is leuk, want dan begint en eindigt de dvd iets aardiger. Tevens kunt u de twee extra fragmenten meenemen in het dvd-menu dat u kunt opmaken.*

3 Selecteer nu het tabblad **Ontwerp**. Hier kunt u de achtergrond van het dvd-menu bepalen. En dat niet alleen: ook de positie van de afzonderlijke videofragmenten kan worden ingesteld. Verder kunnen die afzonderlijke videofragmenten worden ingelijst en ook dat wordt hier geregeld. Dan hebben we al opgemerkt dat u de diverse teksten kunt veranderen. Welnu, ook het lettertype, de lettergrootte, de kleur en de schaduw kunnen apart worden ingesteld. Daarbij kunt u het zo mooi maken als u zelf wilt. Klik op de diverse onderdelen om te zien of u ze kunt aanpassen; dat wijst zich vanzelf.

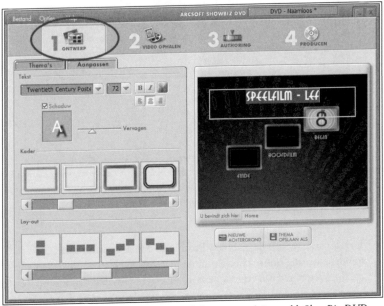

Afbeelding 9.18 *De achtergrond van het dvd-menu wordt ingesteld. ShowBiz DVD komt met een groot aantal fraaie voorbeelden die u direct kunt gebruiken. Natuurlijk is het ook mogelijk een zelfgemaakte bitmap als achtergrond te importeren. Over het uiterlijk van de teksten, het lijstje rond de videofragmenten en de plaats van de scènes kunnen we kort zijn: ook dat regelt u bij het tabblad Ontwerp.*

4 Vervolgens gaat u aan het werk op het tabblad **Authoring**. Hier kunt u per afzonderlijke scène aangeven wanneer deze moet beginnen en eindigen. Hiermee zorgt u ervoor dat de 'slordig' opgenomen Lef-speelfilm uiteindelijk netjes op de dvd komt te staan. Hiervan is natuurlijk geen sprake als u de speelfilm hebt 'opgeschoond' met behulp van Windows Movie Maker en/of VirtualDub. Kijk in het bijzonder naar de knop **Miniatuur instellen**, want daarmee wordt bepaald welk beeld uit het videofragment in het dvd-menu komt te staan.

Afbeelding 9.19 *Onder andere het begin en het einde van het videofragment worden hier correct ingesteld. Maak daarbij gebruik van het voorvertoningvenster om te zien of alles volgens plan verloopt. Ook zorgen we ervoor dat er mooie miniaturen worden getoond in het menuvenster van de dvd.*

5 Tot slot selecteert u het tabblad **Producen**. Maak gebruik van de afstandsbediening om te checken of de dvd volgens plan kan worden afgespeeld. Denkt u dat de dvd kan worden ingebrand, dan drukt u op de knop **Start**, waarna er een dialoogvenster verschijnt waarmee u de inbrandparameters kunt doorgeven.

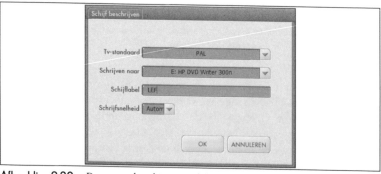

Afbeelding 9.20 *De tv-standaard is natuurlijk PAL. We geven het dvd-plaatje een handig label en we maken gebruik van de standaardschrijfsnelheid. Klik op OK om het inbranden daadwerkelijk te starten.*

6 Dat inbranden van die dvd kan behoorlijk wat tijd in beslag nemen. Zo kunnen de videofragmenten niet direct worden doorgekopieerd, maar moeten ze eerst worden geconverteerd naar het formaat dat iedere dvd-speler snapt. Ongeveer eenzelfde verhaal gaat op voor het controleren en het aanmaken van de menustructuur. Dit alles is geen proces waar u bij hoeft te zitten: na een druk op de knop laat u de computer al het werk doen en enkele uren later is de dvd-video kant-en-klaar!

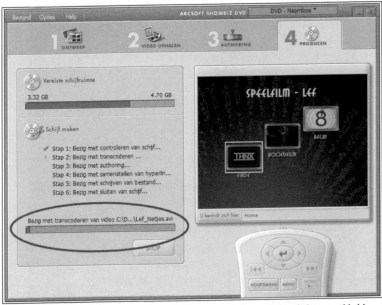

Afbeelding 9.21 *Het inbranden van de dvd-video blijkt een behoorlijk ingewikkeld proces te zijn dat veel verder gaat dan het overhalen van het opgenomen videofragment. Gelukkig is uw tussenkomst niet vereist, alleen wat geduld.*

Afbeelding 9.22 *Als – na uren – de dvd-video correct is ingebrand, vraagt ShowBiz DVD – heel attent – of u nóg een kopie wilt maken. Zo'n tweede kopie neemt veel minder tijd in beslag omdat het dvd-image al klaar staat.*

Video-dvd afspelen

Is die dvd-video eenmaal ingebrand, dan kunt u deze afspelen met behulp van een willekeurige dvd-speler. Daarbij zult u staan te kijken van de kwaliteit van de beelden. Ook al hebben we MPEG-1 in een vrij lage resolutie opgenomen: ShowBiz DVD heeft de video-dvd bijzonder fraai opgefrist.

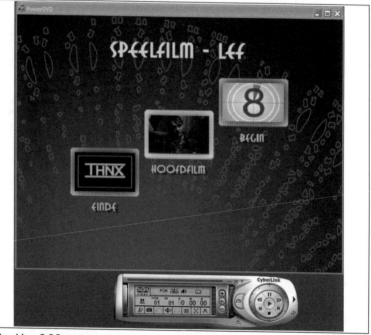

Afbeelding 9.23   *Het resultaat: uw eigen dvd-video! En het is maar net hoe netjes u het wilt maken. Hebt u wat extra tijd en een mooie snelle pc, dan kunt u het videofragment nog verder bewerken. Denk aan het verwijderen van de reclameblokken, aan het toevoegen van een eigen leader, aan het werken met beeldovergangen enzovoort.*

Hoofdstuk 10
Menuanimatie voor dvd-video

Laten we ons eens concentreren op de achtergrond van het menu van een dvd-video. Normaal gesproken ziet u hier altijd een met het inbrandpakket meegeleverde bitmap staan. Dat moet beter kunnen! We laten zien hoe u in stijl kunt blijven met een echte animatie.

Bitmap of animatie

Neem eens een professionele dvd-speelfilm erbij en kijk naar het menu dat de makers u presenteren. In alle gevallen ziet u of een bitmap, of een animatie die iets met de speelfilm te maken heeft. En dat is natuurlijk heel wat anders dan de gemakkelijke standaardafbeelding die iedereen gebruikt tijdens het maken van een eigen dvd-video. Dat wilt u uiteraard ook, uw eigen artwork op uw eigen dvd-video's! We gaan meteen aan de slag. Maar voordat het zover is, moeten we een aantal zaken met elkaar doornemen.

- De animatie mag niet al te lang duren; denk aan iets tussen de twee en tien seconden. Er is weliswaar geen beperking, maar het moet natuurlijk wel te behappen zijn door u en door de bewerkingsprogrammatuur die we zullen gaan gebruiken.

- Voor een PAL-animatie op dvd-video geldt een resolutie van 720 x 576. Het ligt voor de hand dat we met dit formaat aan het werk gaan. Dan namelijk, wordt het menu keurig een-op-een bewerkt door het animatiepakket en evenzo keurig getoond door de dvd-speler.

- Houd rekening met de bekende conversieperikelen, want wat door het ene pakket wordt bewaard, kan onleesbaar zijn in een ander pakket. Dat Windows Media Player een videobestand kan afspelen, zegt namelijk niet altijd alles! Sommige codecs kunnen alleen decoderen en niet coderen.

Met de bovenstaande drie punten in ons achterhoofd, kunnen we het zo gek maken als we willen. Beeldovergangen, teksten enzovoort. We worden slechts geremd door onze fantasie en door de mogelijkheden van de bewerkingsprogramma's die we gebruiken.

Basismateriaal

Voor het basismateriaal kunnen we Windows Movie Maker gebruiken. Als er verbinding kan worden gemaakt met een digitale videocamera of met een andere videobron, dan kunt u het gewenste videofragment inlezen in Windows Movie Maker. Is dat gedaan, dan moet u nog even het beginpunt en het eindpunt goed instellen, waarna de toekomstige menuanimatie in de gewenste DV-kwaliteit kan worden weggeschreven. Hierbij mag u niet voor problemen komen te staan, want het gaat om handelingen die u eerder hebt verricht.

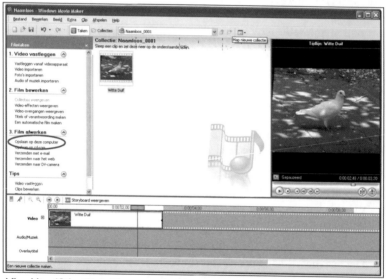

Afbeelding 10.1 *We hebben een stukje film van de digitale videoband afgehaald. We maken het niet al te lang, enkele seconden is meer dan genoeg. Als het beginpunt en het eindpunt netjes zijn ingeregeld, dan kan het videofragment worden bewaard.*

AVI naar AVI

Nadat het AVI-bestand is weggeschreven naar de vaste schijf, hebben we een positief en een negatief bericht. Het positieve bericht is dat Windows Media Player het videofragment netjes kan afspelen. Het negatieve bericht is dat het aldus weggeschreven AVI-formaat mogelijk niet wordt begrepen door animatiebewerkingspakketen als bijvoorbeeld Jasc Animation Shop. Er moet dus een conversieslag worden gemaakt naar een AVI-subformaat dat door elk animatiebewerkingspakket op iedere pc kan worden ingelezen. Laat u zich

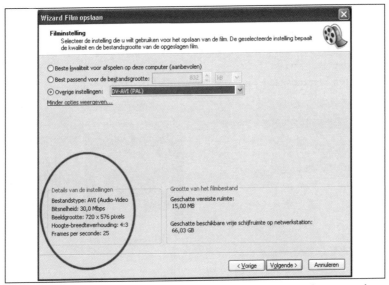

Afbeelding 10.2 *Bij het bewaren van het videofragment houden we rekening met de kwaliteitseisen die door het formaat dvd-video worden gesteld: een resolutie van 720 x 576 en 25 frames per seconden.*

hierdoor beslist niet afschrikken, want bestandsconversie hoort nu eenmaal bij AVI en MPEG; zeker als u videofragmenten wilt uitwisselen tussen verschillende programma's. We brengen graag het programma VideoEdit Converter onder uw aandacht. U vindt dit programma op **www.newfreeware. com**. VideoEdit Converter is een conversieprogramma dat een groot aantal videoformaten herkent. U kunt het programma dan ook gebruiken om video en eventueel audio met elkaar te combineren, bijvoorbeeld om diverse videofragmenten aan elkaar te plakken. Wij gebruiken het pakket om een andere reden, namelijk om een AVI-subformaat te krijgen waarmee we overal terechtkunnen.

Hebt u VideoEdit Converter opgehaald, geïnstalleerd en gestart, dan behandelen we even kort de bediening van het programma. Bovenin beeld plaatst u een vinkje voor de optie **Use Video Compressor**. Dit heeft tot gevolg dat de lijst achter het veld **Video Compressor** kan worden geopend. Het werkt eenvoudig: u selecteert een AVI-subformaat waarvan u zeker weet dat het toekomstige animatiebewerkingspakket ermee overweg kan. Vervolgens klikt u linksonder in beeld op de knop **Add** om het eerder, met behulp van Windows Movie Maker weggeschreven AVI-bestand te selecteren. Dit bestand voegt u toe aan de lijst die is getiteld **Video/Image File Add to Video Track**. Kijk nu naar de knop **Start**. Pal links naast deze knop plaatst u een vinkje voor het veld **Save** om ervoor te zorgen dat er zo dadelijk een AVI-bestand zal worden aangemaakt. U bent er bijna; nu nog even op de knop **Start** klikken en een bestandsnaam voor het nieuwe AVI-bestand invullen.

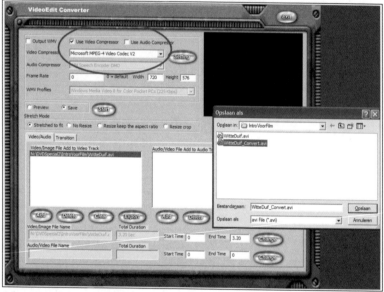

Afbeelding 10.3 *VideoEdit Converter in actie om het oude AVI-bestand om te bouwen naar een ander en meer compatibel AVI-subformaat. Let vooral op de keuze voor de videocompressor. Hier selecteert u een codec die wordt begrepen door het toekomstige animatiebewerkingspakket.*

Jasc Animation Shop

We hebben de naam van de software al genoemd: Jasc Animation Shop. Dit programma maakte onderdeel uit van de volledige versie van Paint Shop Pro, en is met wat zoekwerk nog wel te vinden op internet. Een Engelstalige evaluatieversie vindt u mogelijk op **www2.jasc.com/pub/** (de naam van het bestand is ans305ev.exe). Overigens vind u op deze site ook nog veel andere *goodies*.

Nadat Jasc Animation Shop is gedownload en geïnstalleerd, kunnen we aan het werk:

1 Klik op **Bestand** en **Openen**. Als het dialoogvenster **Openen** verschijnt, dan gaat u op zoek naar het AVI-bestand dat zojuist door VideoEdit Converter is gecreëerd.

2 Meteen nadat Jasc Animation Shop heeft geconstateerd dat het AVI-bestand kan worden ingelezen, moet u de importopties instellen. U geeft aan dat u alle frames wilt inlezen en u haalt (zeker als het om een videofragment gaat) het vinkje weg dat voor het veld **Identieke frames samenvoegen tot één frame** staat. Als het om een videofragment gaat, dan zijn er in principe geen identieke frames.

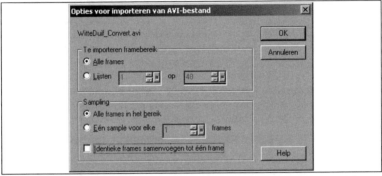

Afbeelding 10.4 *Het AVI-bestand staat op het punt om te worden geïmporteerd door Jasc Animation Shop. We kiezen voor opties waarmee het hele videofragment wordt ingelezen.*

3 Niet veel later is het videofragment compleet overgehaald naar Jasc Animation Shop. En u ziet het meteen: alle afzonderlijke frames worden apart getoond, wat eigenlijk direct al aangeeft dat al die afzonderlijke frames ook apart kunnen worden bewerkt. Beweeg de schuifregelaar (deze zit aan de onderkant van de filmstrip) van links naar rechts om naar het laatste en dus meest rechtse beeldje toe te gaan. Hierdoor komt u te weten uit hoeveel frames het videofragment is opgebouwd. In dit speciale geval bevat de complete animatie 48 frames. Onthoud dit, want mogelijk komt deze wetenschap u nog van pas.

4 Maak het uzelf niet al te moeilijk en ga aan de slag met het complete videofragment. Klik op **Bewerken** en **Alles selecteren**. Is dat gedaan, dan klikt u op **Effecten** om vervolgens **Beeldeffect toepassen** te kiezen. Dit heeft tot gevolg dat het dialoogvenster **Beeldeffect toepassen** verschijnt. U kunt nu instellen welke van de mogelijke ingebouwde effecten u gaat

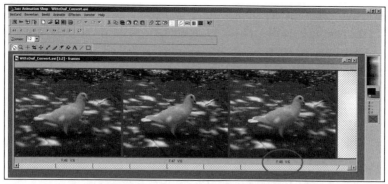

Afbeelding 10.5   *Een belangrijke stap: Jasc Animation Shop is erin geslaagd het AVI-bestand in te lezen. Het resultaat is een filmstrip die elk frame (videobeeldje) apart laat zien. Gebruik de schuifregelaar om te zien uit hoeveel frames de animatie bestaat.*

toepassen op de geselecteerde frames. Dit is een kwestie van kiezen en instellen en u kunt het net zo bont maken als u zelf wilt; dit alles natuurlijk om het videofragment zodanig te vervormen en op te leuken dat het een echte achtergrondanimatie gaat worden. Het mag niet te echt, het moet natuurlijk een beetje slordig en effectvol worden. Merk op: u kunt de functie **Beeldeffect toepassen** verschillende keren achter elkaar gebruiken.

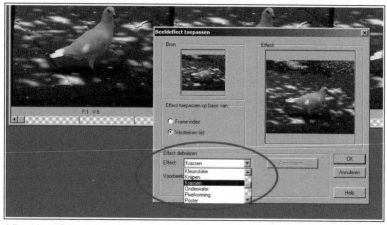

Afbeelding 10.6   *Met behulp van het dialoogvenster Beeldeffect toepassen kan het video-fragment danig worden vervormd. Jasc Animation Shop is voorzien van diverse leuke filters die soms apart kunnen worden ingesteld. Dat laatste is het geval als de knop Aanpassen zichtbaar wordt gemaakt.*

5 Hebt u alle gewenste effecten op de filmstrip toegepast, dan wordt het tijd voor de begeleidende tekst, voor de titel van de dvd-video. U zorgt dat alle frames nog steeds geselecteerd blijven en u klikt op **Effecten** en **Teksteffect toepassen**. Als het bijbehorende dialoogvenster wordt geopend, is het de bedoeling dat u een effect uitkiest en dat u de eigenschappen van de tekst invoert. Voor wat betreft de effecten zijn er diverse mogelijkheden, van **Lichtkrant** tot en met **Slagschaduw**. Bij de eigenschappen van de tekst denken we aan het lettertype, de lettergrootte en de letterkleur. Heeft het teksteffect extra instelmogelijkheden, dan zal de knop **Aanpassen** actief worden. Zorg dus voor het juiste effect en voor de juiste tekst. Ook voor de functie **Teksteffect toepassen** geldt dat u deze verschillende keren achter elkaar kunt gebruiken.

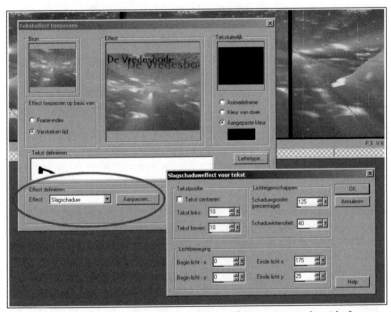

Afbeelding 10.7 *Gebruik het dialoogvenster Teksteffect toepassen om het videofragment van een passende tekst (of teksten) te voorzien. Alle geselecteerde frames worden bewerkt.*

6 Als u nu de animatie afspeelt met behulp van Jasc Animation Shop (hiervoor gebruikt u de opdracht **Beeld** en **Animatie**), dan zult u zien dat het videofragment als het ware stottert als er van het einde weer terug naar het begin wordt overgegaan. Slordig, maar buitengewoon eenvoudig op te lossen. Klik op **Bewerken** en **Alles selecteren** en vervolgens op **Bewer-**

ken en **Kopiëren**. Alle frames worden nu op het Klembord van Windows geplaatst. Vervolgens kiest u **Bewerken** en **Niets selecteren,** waarna u nu naar het laatste en meest rechtse frame toegaat. U klikt op dit frame om het als enige te selecteren. Kies de opdracht **Bewerken, Plakken** en **Na actieve frame**. De gemaakte en gekopieerde selectie wordt nu achter het huidige videofragment geplakt en is tevens geselecteerd, waarna u nu het tijd is geworden voor de truc, namelijk voor de opdracht **Animatie** en **Framevolgorde omkeren**. Als u het videofragment – dat nu in frames is verdubbeld en dus twee keer zo lang is geworden – afspeelt, dan hebt u opeens wel te maken met een vloeiende animatie!

Afbeelding 10.8   *Het hele – inmiddels bewerkte – videofragment is geselecteerd en gekopieerd. Deze hele selectie plakken we achter het laatste frame, dus achter het frame met nummer 48.*

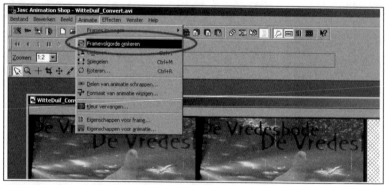

Afbeelding 10.9   *Als het videofragment met 48 nieuwe frames is uitgebreid, dan zijn deze frames automatisch geselecteerd. De volgorde van deze selectie wordt nu omgedraaid, zodat er een vloeiende animatie van in totaal 96 frames ontstaat.*

7 Voor wat betreft Jasc Animation Shop zijn we er bijna. Het videofragment kan nu worden weggeschreven als nieuwe AVI. Klik op **Bestand** en **Opslaan als**. Er verschijnt een wizard waarmee u de volgende zaken regelt: u geeft aan dat er een nieuw AVI-bestand zal worden aangemaakt, de kleurdiepte wordt ingesteld op **24 bits per pixel** oftewel 16,7 miljoen kleuren, de compressiemethode kunt u instellen op **Volledige frames**, het aantal frames moet op **25** worden ingesteld en daarna mag het AVI-bestand daadwerkelijk worden weggeschreven.

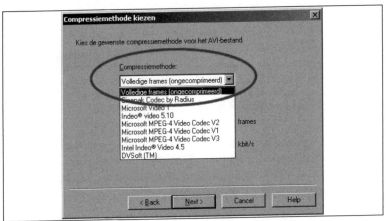

Afbeelding 10.10 *De compressiemethode is in zoverre belangrijk dat u kiest voor een optie die compatibel is met het dvd-inbrandpakket dat u later gaat gebruiken. Ongecomprimeerd zal in principe altijd werken.*

Dvd-menu creëren

De menuanimatie is aangemaakt en kan worden gebruikt om het dvd-menu te creëren. We maken hierbij gebruik van het programma Nero Vision Express, een onderdeel van Nero 6. U geeft aan dat u een nieuwe dvd-video gaat maken, u voegt de gewenste videofragmenten toe aan het project en u gaat meteen door naar het venster **Menu aanmaken**. Nu gaat het echt beginnen:

1 Klik op de optie **Achtergrond**. Als het submenu **Eigenschappen achtergrond** verschijnt, dan geeft u aan dat u een **Achtergrondvideo** als achtergrond van het dvd-menu gaat gebruiken.

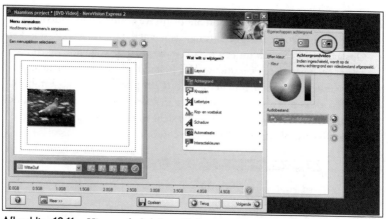

Afbeelding 10.11 *Hier wordt de belangrijkste stap gezet: u geeft aan dat u een achter-grondvideo wilt gebruiken. Hiermee is duidelijk geworden wat u wilt gaan doen: de met Jasc Animation Shop bewerkte animatie wordt die achtergrondvideo.*

2 Vervolgens geeft u aan welk AVI-bestand als achtergrondvideo gaat die-nen. Dit is natuurlijk de AVI die zojuist door Jasc Animation Shop is weggeschreven. Als het videofragment is ingelezen, dan kunt u het dvd-menu compleet maken.

3 Als even later het voorbeeldscherm met de afstandsbediening verschijnt, dan moet u even op de knop **Voorproef menuanimatie** klikken om de achtergrondvideo te laten uitwerken door Nero Vision Express. Als u dat namelijk niet doet, dan kunt u niet genieten van het daadwerkelijke ani-matie-effect. Toegegeven, het programma is hier even mee bezig, maar dat is beslist de moeite waard! En pas als alles naar wens is, dan kan het complete project worden ingebrand op een dvd-plaatje.

Variaties op het thema

U hebt gezien dat een willekeurig videofragment als achtergrond voor een dvd-menu kan worden gebruikt. Het uiteindelijke samenstellen van dat dvd-menu is feitelijk niet eens zo spannend. Nee, het gaat om het creëren van de achtergrondvideo. Daarbij is het aan u om zoveel mogelijk variaties op het thema te maken. Inmiddels weet u dat Jasc Animation Shop u hierbij van dienst kan zijn.

Hoofdstuk 11

Tips voor Windows Movie Maker

Windows Movie Maker is een videobewerkingsprogramma dat u beslist gaat gebruiken als u uw eigen dvd-video's wilt creëren. Windows Movie Maker is met recht een multifunctioneel programma dat prima samenwerkt met Windows Media Player en met alle inbrandprogrammatuur.

Tip 1: Taken en Collecties

Als u aan het werk gaat met Windows Movie Maker, dan moet u bovenin het scherm eens kijken naar de knoppen **Taken** en **Collecties**. Als u op de knop **Taken** klikt, dan worden – links in beeld, in het venster **Filmtaken** – alle handelingen getoond die u kunt verrichten; van het importeren van een videobestand tot en met het laten afwerken van een opgebouwde videoclip. Bent u wat beter bekend met Windows Movie Maker, dan kunt u het venster **Filmtaken** natuurlijk weglaten, omdat alle handelingen ook vanuit het programmamenu kunnen worden verricht. Klik ook eens op de knop **Collecties**. Nu verschijnt – wederom links in beeld – het venster **Collecties**. Dit venster bevat video-effecten, video-overgangen en de videoclips die u hebt geïmporteerd of opgenomen. Als u de afzonderlijke items in het venster **Collecties** selecteert, dan krijgt u precies te zien wat de mogelijkheden zijn. Verder merken we op dat de beide vensters **Filmtaken** en **Collecties** ook weggelaten kunnen worden, zodat u één groot werkvenster overhoudt. Dat laatste is natuurlijk handig als u veel videoclips hebt geïmporteerd en u ze allemaal tegelijkertijd in beeld wilt zien.

Afbeelding 11.1 *Klik op de knop Filmtaken om het bijbehorende venster te openen. U krijgt dan te zien wat de mogelijkheden zijn van Windows Movie Maker. Merk op: als u nogmaals op de knop Filmtaken klikt, dan verdwijnt het venster.*

Afbeelding 11.2   *Klik op de knop Collecties om het bijbehorende venster te openen. De video-effecten, de video-overgangen en de door u geïmporteerde videofragmenten kunnen nu worden getoond. Dit werkt ongeveer als Windows Verkenner.*

Tip 2: Effecten versus overgangen

Windows Movie Maker kent video-effecten en video-overgangen. De vraag dringt zich op wat het verschil is tussen die twee. Welnu, een video-effect is een soort filter dat wordt losgelaten op een complete videoclip. Met behulp van een video-effect kan een videoclip bijvoorbeeld van kleur naar zwart/wit worden omgezet. Een video-overgang verzorgt het omschakelen van het ene

Afbeelding 11.3   *Opgelet! Het gaat om dat kleine kader tussen de twee videofragmenten die we naar het Storyboard hebben gesleept. Bovenin beeld (Collecties, Video-overgangen) kunt u een overgangseffect uitkiezen, waarna u dit naar dat kleine kader toesleept.*

naar het andere filmfragment; de naam zegt het eigenlijk al. Een video-effect
zit als het ware in de videoclip. Een video-overgang zit dan tussen twee afzonderlijke videofragmenten. Dat laatste betekent automatisch dat een
video-overgang pas kan worden ingesteld als het project minimaal twee filmfragmenten gebruikt. U werkt dan niet met de Tijdlijn, maar met het Storyboard. (Druk eens op de toetscombinatie Ctrl+T om te wisselen tussen
Tijdlijn en Storyboard.) In de toestand Storyboard ziet u tussen de twee videoclips een klein kader staan. Het is de bedoeling dat u een video-overgang
selecteert, waarna u deze naar dat kleine kader toesleept. Vervolgens kunt u
– rechts in beeld – op de knop **Afspelen** drukken om het gekozen effect in
actie te zien.

Tip 3: Werken met effecten

Een video-effect kan vanuit het venster **Collecties** en **Video-effecten** naar een
filmfragment worden gesleept. Het kan ook anders, waarbij het niet uitmaakt of u in Storyboard- of Tijdlijn-toestand werkt. Klik met de rechtermuisknop op een videoclip en kies de snelopdracht **Video-effecten**. Er zal
vervolgens een dialoogvenster verschijnen waarmee u precies kunt instellen
welke speciale effecten u op deze videoclip wilt toepassen. Links in beeld ziet
u de beschikbare effecten staan. Hebt u een leuk video-effect gevonden, dan
kunt u erop klikken, waarna een druk op de knop **Toevoegen** ervoor zorgt
dat het effect wordt overgeheveld naar de sectie **Weergegeven effecten**. Als u
het dialoogvenster **Video-effecten toevoegen of verwijderen** verlaat, dan

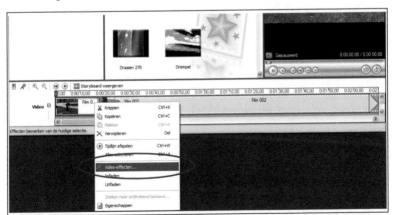

Afbeelding 11.4 *Bovenin beeld zien we het venster Collecties en Video-effecten. Dit is de visuele weergave van alle video-effecten die u naar een videoclip kunt slepen. Het kan ook anders, en wel door gebruik te maken van de snelopdracht Video-effecten.*

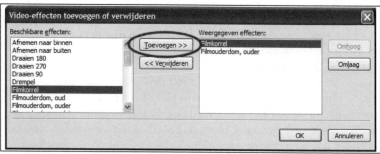

Afbeelding 11.5 *Met behulp van het dialoogvenster Video-effecten toevoegen of verwij-deren behoudt u de totale controle over de video-effecten die u op de videoclip toepast. Let hierbij ook op de volgorde waarin de filters worden toegepast! Die volgorde kan worden gewijzigd met behulp van de knoppen Omhoog en Omlaag.*

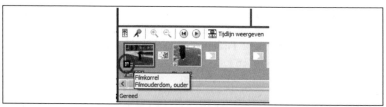

Afbeelding 11.6 *Kijkt naar de indicatie waarmee Windows Movie Maker aangeeft dat er gebruik wordt gemaakt van een video-effect. Dit wordt getoond in zowel de Storyboard-toestand als in de Tijdlijn-toestand.*

kunt u in het hoofdvenster van Windows Movie Maker zien wat het effect is op de videoclip. Tevens wordt op de videoclip een pictogram in de vorm van een sterretje geplaatst, om aan te geven dat er gebruik wordt gemaakt van video-effecten. Als u de muisaanwijzer op dat sterretje plaatst, dan wordt getoond welke video-effecten u in gebruik hebt.

Tip 4: Add-on's voor Windows Movie Maker

Op de website van Microsoft kunt u een aantal leuke add-on's voor Windows Movie Maker downloaden. Dit vergt enige creatieve surfhandelingen en wel de volgende:

1 Surf naar **www.microsoft.com**.

2 Bij de sectie **Resources** klikt u op de hyperlink **Downloads**.

3 Bij de sectie **Search for a download** vult u bij het veld **Keywords** de twee woorden Movie en Maker in. Vervolgens klikt u op de knop **Go**.

4 Even later krijgt u alle downloads te zien die betrekking hebben op Windows Movie Maker. In de getoonde lijst kijkt u naar de zogeheten *fun packs*, want die moet u hebben.

5 U kunt een fun pack selecteren, waarna er een venster met gedetailleerde informatie verschijnt. Vindt u het interessant genoeg, dan klikt u op de knop **Download** om de software op te halen.

6 Niet veel later zult u de installatieprocedure van het opgehaalde fun pack kunnen starten, waarna de beloofde extra's worden geïnstalleerd.

7 Ziet u die extra's niet, klik dan op **Bestand** en **Importeren in collecties**. Ga naar **Mijn documenten** en **Mijn video's** om te zien welke bestanden er voor u klaarstaan. Deze kunt u laten importeren in **Collecties**, waarna u er gebruik van kunt maken!

Wilt u meer over een fun pack weten, dan kunt u altijd op **Start** en **Programma's** klikken. U zult zien dat er opdrachten zijn toegevoegd. U kunt de meegeleverde documentatie raadplegen en er zijn opdrachten die u naar de mappen brengen waarin de geïnstalleerde multimediabestanden zijn te vinden. Dat wijst zich allemaal vanzelf!

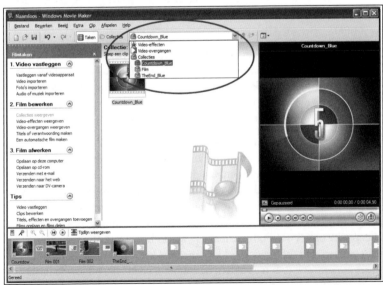

Afbeelding 11.7 *We hebben twee onderdelen van een fun pack geïmporteerd; in dit geval een begin- en een eindeffect. Deze onderdelen vindt u in de map Mijn video's, die deel uitmaakt van Mijn documenten.*

Tip 5: Titels en verantwoording

Klik op **Extra** en **Titels en verantwoording** om tekst aan uw videoproject te kunnen toevoegen. Het venster **Waar wilt u een titel toevoegen?** zal dan verschijnen en u hebt de volgende vijf opties:

- **Titel aan het begin van de film toevoegen** Er wordt een aparte animatie aangemaakt die in de eerste cel van het storyboard wordt geplaatst. De bestaande film wordt niet gewijzigd. Als achtergrond wordt een – in te stellen – kleur gebruikt.

- **Titel voor de geselecteerde clip op het storyboard toevoegen** Er wordt een aparte animatie aangemaakt die pal vóór de geselecteerde videoclip komt te staan. Als achtergrond wordt een – in te stellen – kleur gebruikt.

- **Titel op de geselecteerde clip op het storyboard toevoegen** De huidige videoclip wordt gebruikt als achtergrond voor de titel. Terwijl de videoclip afspeelt, wordt de – nog in te voeren – tekst getoond. De videoclip zelf is dus de achtergrond van de titel!

- **Titel achter de geselecteerde clip op het storyboard toevoegen** Er wordt een aparte animatie aangemaakt die pal ná de geselecteerde videoclip komt te staan. Als achtergrond wordt een – in te stellen – kleur gebruikt.

- **Verantwoording aan het einde van de film toevoegen** Een verantwoording is een extra animatie die in de allerlaatste (en nog lege) cel van het storyboard wordt geplaatst. Zo'n verantwoording kent verschillende tekstregels die u kunt invullen. De bestaande film wordt niet gewijzigd. Als achtergrond wordt een – in te stellen – kleur gebruikt.

U kunt een van de bovenstaande opties selecteren, waarna u de eigenschappen van een titel of verantwoording kunt aanpassen. Denk aan de tekst, aan het lettertype, aan de letterkleur, aan de animatie enzovoort. De derde optie – **Titel op de geselecteerde clip op het storyboard toevoegen** – is natuurlijk de spannendste, want daarmee kunnen we tekst op een videofragment laten zetten. Het leuke feit doet zich voor dat u deze optie kunt gebruiken om de andere vier opties overbodig te maken! Wat is het geval? Als u een videoclip hebt geselecteerd (of bijvoorbeeld een geïmporteerde fun pack-animatie) waarop u een titel gaat neerzetten, dan moet u goed kijken naar de optie **Titelanimatie wijzigen**. Als u deze optie namelijk selecteert, dan kunt u vervolgens precies aangeven wat voor een soort titel (één regel, twee regels, verantwoording) u wilt invoeren en wat voor een effect u wilt gebruiken.

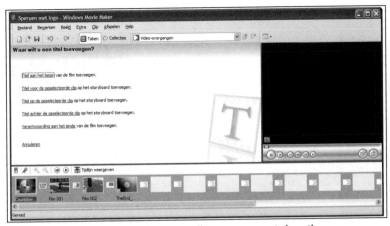

Afbeelding 11.8   *In dit venster kunt u instellen wat voor een titel u wilt toevoegen aan uw filmproject. De optie Titel op de geselecteerde clip op het storyboard toevoegen is de belangrijkste, want deze kunt u zeer creatief toepassen.*

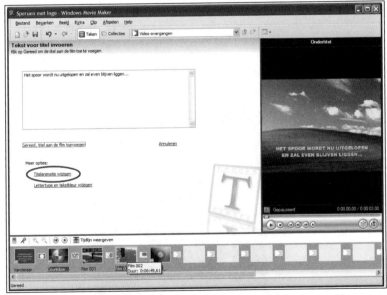

Afbeelding 11.9   *Hier wordt de tekst van de titel/verantwoording ingetoetst. Het gaat ons echter om de knop Titelanimatie wijzigen. Hiermee kunt u namelijk de eigenschappen van de titel/verantwoording aanpassen. We praten dan over het aantal tekstregels en over de te gebruiken verschijningsvorm.*

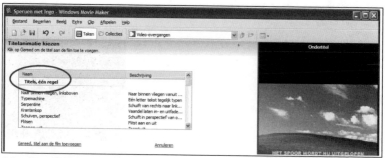

Afbeelding 11.10 *Het venster Titelanimatie kiezen maakt het mogelijk te schakelen tussen de verschillende titel-/verantwoordingsvormen. Op die manier kunt u heel fraai combineren, waarbij u steeds een videofragment als achtergrond kunt gebruiken. Dat staat een stuk leuker dan alleen zo'n saaie effen kleur!*

Tip 6: Een foto van een video

Tijdens het creëren van een Windows Movie Maker-project kunt u op de knop **Afspelen** van het voorvertoningvenster drukken om een indruk te krijgen van de film die uiteindelijk zal ontstaan. Dan kan het zo zijn dat er een moment langskomt waarvan u een foto wilt maken. Druk dan als eerste op de knop **Pauze**. Is dat gedaan, dan vindt u rechtsonder in het voorvertoningvenster een pictogram in de vorm van een fototoestel. Klik op dit pictogram om het huidige frame weg te schrijven als een bitmap. Hiermee hebt u me-

Afbeelding 11.11 *Op deze manier kunnen we Windows Movie Maker ook als digitale fotocamera inzetten. Het bewegende beeld is intussen stilgezet door een druk op de knop Pauze. Bevalt het plaatje, dan kunt u het laten wegschrijven als bitmap.*

teen een mogelijkheid gekregen om uw digitale videocamera te gebruiken als digitale fotocamera. Het enige dat u namelijk hoeft te doen, is het DV-apparaat uitlezen met behulp van de FireWire-interface. Daarna speelt u de film af met behulp van Windows Movie Maker en onderwijl isoleert u de juiste frames en schrijft u deze weg op de vaste schijf. De foto's die u op deze manier wegschrijft, krijgen allemaal een andere (en doorgenummerde) naam.

Tip 7: Grotere voorvertoning

U vindt het voorvertoningvenster wat te klein, waardoor u de beelden niet goed kunt beoordelen? Klik dan met de rechtermuisknop in het voorvertoningvenster. U kunt dan schakelen tussen de beeldgroottes 320 x 240 en 640 x 480. Kies de grootste weergave en verander daarna de grootte van het hele Windows Movie Maker-scherm. U zult zien dat de grootte van het voorvertoningvenster dan mee verandert en wel zodanig dat alles netjes in de juiste verhoudingen blijft.

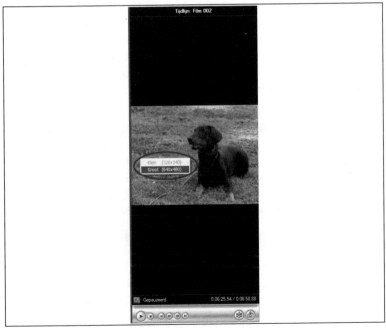

Afbeelding 11.12 *Als u met de rechtermuisknop in het voorvertoningvenster klikt, dan kunt u opgeven welke venstergrootte u wilt gebruiken. Wat wilt u? Het videofragment in volle glorie kunnen zien of lekker kunnen werken met de opties van Windows Movie Maker?*

Afbeelding 11.13   *We veranderen de grootte van het venster van Windows Movie Maker. Zoals u ziet, verandert ook de grootte van het voorvertoningvenster. De hoogte-/breedteverhoudingen blijven intussen ongewijzigd.*

Tip 8: Tijdsduur foto's en overgangen

Het is niet moeilijk een foto te importeren in Windows Movie Maker. De foto wordt dan in een collectie opgenomen. U kunt een foto vervolgens gewoon naar een vrije plek op het storyboard slepen, waarna het gedurende enige tijd als stilstaand beeld wordt getoond. Maar hoe lang blijft zo'n foto staan? Dat komt u te weten als u de opdracht **Extra** en **Opties** selecteert. Klik op het tabblad **Geavanceerd**, waarna u zich concentreert op de opties **Speelduur** en **Overgangsduur**. De optie **Speelduur** bepaalt hoe lang een stil-

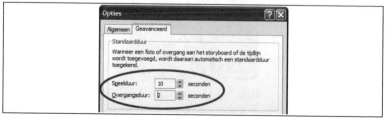

Afbeelding 11.14   *Het importeren van foto's is een nuttige optie van Windows Movie Maker. U kunt dan uw digitale foto's combineren met uw digitale video's. Het kunnen verlengen van de overgangseffecten pikken we natuurlijk meteen even mee!*

staande foto wordt getoond als het fotofragment, nee, het videofragment wordt afgespeeld. De optie **Overgangsduur** bepaalt hoe lang het duurt voordat een overgangseffect z'n werk heeft gedaan, waarbij u zult merken dat een overgangseffect beslist wel tweeënhalve seconde mag duren!

Tip 9: Van project naar film

Een Windows Movie Maker-project is niet meer dan de samenstelling van de uiteindelijke film. Het projectbestand – **Bestand** en **Project opslaan als** – bevat slechts de verwijzingen naar de videofragmenten/foto's en de instructies die nodig zijn om het eindresultaat samen te stellen. Een projectbestand kan tussentijds worden opgeslagen, zodat u er later aan kunt doorwerken. Is het project af, dan wilt u het eindresultaat laten omzetten naar een echt filmbestand, meestal in de vorm van een AVI-bestand dat door zo goed als alle mediaspelers kan worden ingelezen en weergegeven. Dat gaat als volgt:

1 Klik op **Bestand** en **Filmbestand** opslaan.

2 Als de wizard **Film opslaan** verschijnt, dan kiest u de optie **Deze computer**. Windows Movie Maker wordt nu verteld dat u een bestand op de lokale vaste schijf wilt aanmaken.

3 Vervolgens geeft u op welke naam het filmbestand krijgt en in welke map het moet worden geplaatst.

4 Als het dialoogvenster **Filminstelling** verschijnt, dan moet u de optie **Overige instellingen** inschakelen. Er verschijnt dan een menu waarin u precies kunt opgeven voor welk afspeeldoeleinde het filmbestand is bedoeld. De keuze die u hier maakt is vooral bepalend voor de uiteindelijke bestandsgrootte.

Voor wat betreft de bestandsgrootte van een videofragment, moet u voornamelijk rekening houden met het transport van de film. Daarmee bedoelen we eigenlijk de transportsnelheid die kan worden bereikt. Van vaste schijf naar Windows Media Player gaat supersnel, maar op het moment dat internet in beeld komt dan wordt het heel wat anders; dan is het opeens de kwaliteit van de internetverbinding die bepaalt hoe lang het duurt voordat het videofragment binnen is.

Tip 10: Storyboard groter maken

De Storyboard-weergave zal ongetwijfeld het meest worden gebruikt. Dat is logisch, want het storyboard maakt het mogelijk video-overgangen toe te voegen en tevens worden er miniatuurweergaven van de gebruikte videoclips getoond. Wilt u het storyboard (lees: de miniatuurweergaven) wat groter maken? Klik dan op de horizontale scheidingslijn. Op het moment dat deze horizontale scheidingslijn zich laat vastpakken, trekt u deze naar boven. Zoals u zult merken, worden de miniatuurweergaven dan opeens een heel stuk forser. Zeker op een beeldscherm met een hoge resolutie werkt dat nog prettiger.

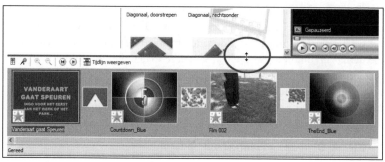

Afbeelding 11.15 *Het storyboard wordt nu uitgerekt. De miniatuurweergaven zijn groter en dus beter zichtbaar. Alle andere onderdelen van het storyboard worden nu ook wat beter weergegeven.*

Windows Movie Maker 2

Op **www.microsoft.com/moviemaker** kunt u de nieuwste versie van Windows Movie Maker gratis downloaden. Wilt u er alles uithalen wat erin zit, lees dan *Computer Idee: Windows Movie Maker 2* (ISBN 90-5940-059-3) van Erwin Olij.

Hoofdstuk 12
Tips voor Nero 6 & 7

Nero is meer dan Nero Burning Rom alleen. Nero bestaat uit een fors aantal hulpprogramma's waarmee u alle facetten van het inbranden van cd-roms of dvd's kunt beheersen. Hier leest u een aantal tips waar u veel plezier aan zult beleven.

Tip 1: Nero in het menu Start

Net als alle andere geïnstalleerde hulpprogramma's, verschijnt ook Nero in het menu **Start** van Windows. We vragen u om eens wat extra aandacht te besteden aan de submenu's van Nero. Klik op **Start, Programma's** en **Nero.** Als u vanaf dat moment het menu verder opent, dan is te zien dat Nero Burning Rom (het hoofdprogramma) slechts één van de getoonde opties is. Het is afhankelijk van uw installatie, maar u zou de volgende applicaties kunnen tegenkomen:

- **Nero BackItUp**   Hiermee kunt u een veiligheidskopie maken van uw vaste schijf of in ieder geval van de bestanden die u selecteert. De backup kan direct worden weggeschreven naar een cd-rom of een dvd. Terugzetten behoort uiteraard ook tot de mogelijkheden.

- **Nero Burning Rom**   Het hoofdprogramma van de Nero-suite. Hiermee kunt u diverse cd-rom- en dvd-projecten creëren. In principe wil Nero Buring Rom dat u de bestanden min of meer kant en klaar aanlevert, waarna de cd-rom/dvd op de juiste manier wordt ingebrand. Data, audio, video, het kan allemaal.

- **Nero Cover Designer**   Om hoesjes en cd-rom/dvd-labels aan te maken. Dit programma kent alle standaardpapierformaten. Van dvd-hoes tot en met *jewel case*. Teksten, illustraties, lijsten, u kunt alle kanten op.

- **Nero Express**   Dit zouden we het kleine en handige broertje van Nero Burning Rom kunnen noemen. Nero Express is opgebouwd als een soort wizard die het aanmaken van cd-roms en dvd's erg eenvoudig maakt. Geschikt voor 99 van de 100 projecten.

- **Nero ImageDrive**   Dit hulpprogramma kunt u gebruiken om een virtuele cd-rom/dvd in te richten op de vaste schijf van de pc. U kunt bijvoorbeeld eerst een cd-rom/dvd-image naar de vaste schijf laten branden, waarna u deze test met behulp van Nero ImageDrive. Pas als het aangemaakte project wordt goedgekeurd, dan wordt het daadwerkelijk ingebrand. Dat kan u de nodige cd-r's en dvd+r's schelen!

Nero SoundTrax   Hiermee kunt u uw audio-cd's helemaal naar wens componeren. Het biedt veel mogelijkheden voor het mixen van de afzonderlijk soundtracks. Zo kan het tempo van een soundtrack worden aangepast en kunnen verschillende soundtracks naadloos in elkaar overgaan. Het aantal effecten is legio en ook oude elpees kunnen worden gedigitaliseerd.

Nero StartSmart   Een handige wizard die u het gewenste project laat uitzoeken. Hebt u gekozen, dan wordt het juiste Nero-programma op de juiste manier gestart.

Nero Wave Editor   Een hulpprogramma waarmee u soundtracks kunt bewerken. Naast opnemen en mixen is het ook mogelijk de kwaliteit van de soundtrack sterk te verbeteren.

Met andere woorden: Nero is veel completer dan u denkt! De enige opmerking die we maken is dat u Nero Vision Express nodig hebt als u zich gaat bezighouden met VCD, SVCD en dvd. Nero Vision Express is namelijk een speciaal programma voor het aanmaken van de juiste MPEG-1/MPEG-2-videobestanden.

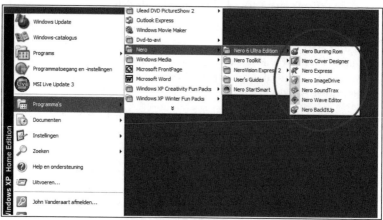

Afbeelding 12.1   *Nero is niet helemaal wat het lijkt… De meeste Nero-gebruikers kijken niet verder dan Nero Burning Rom. En daarmee doen ze de software onrecht aan, want Nero biedt een totaaloplossing voor het branden van cd-roms en dvd's.*

Tip 2: Snelheid dvd-speler

U wilt wel eens weten hoe snel uw dvd-speler nu echt is? Zorg dan voor een dvd-plaatje waarop gegevens staan, zoals een dvd-video; een dvd-rom met daarop gewone bestanden is ook goed. Als het plaatje in de dvd-speler is geplaatst, dan start u de applicatie Nero CD/DVD Speed. De resultaten van de tests die Nero CD/DVD Speed laat zien, kunnen u verschillende dingen vertellen. Om te beginnen komt u te weten hoe snel de dvd-speler is. Ook komt u te weten wat de kwaliteit van het geteste dvd-plaatje is. Worden er veel fouten gevonden, dan is dat terug te zien in de grafiek die Nero CD/DVD Speed laat zien. Immers, op de plekken waar fouten worden ontdekt is het testprogramma gewoon wat langer bezig. Verder is het aardig om te zien dat er meer gegevens worden overgedragen naarmate de leeskop dichter bij de buitenrand van het plaatje komt. Dat is op zich logisch, want het dvd-plaatje draait met een constante snelheid rond, terwijl er meer gegevens worden aangeboden omdat er meer schijfoppervlakte passeert. Denkt u dat er iets mis is met de dvd-speler en wilt u zeker weten of een dvd-plaatje nog 100 procent in orde is, pak dan Nero CD/DVD Speed erbij en u weet het zeker!

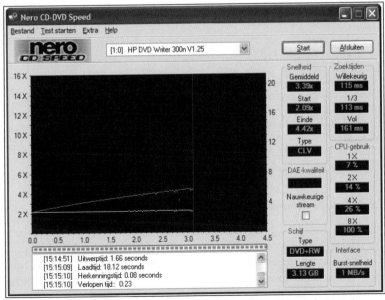

Afbeelding 12.2 *Een zeer interessante grafiek. We zien hoe snel het dvd-plaatje kan worden ingelezen door de dvd-speler. Naarmate we bij de buitenrand komen, neemt de snelheid toe. De kleine pietjes die u ziet, duiden op fouten op het dvd-plaatje. Meestal zijn dat krasjes en/of stofjes.*

Tip 3: De ondersteunde cd-rom/dvd-plaatjes

Nero Burning Rom kan u precies vertellen welke plaatjes door de dvd-rewriter worden ondersteund. Klik op **Recorder** en **Recorder kiezen**. Als het dialoogvenster **Recorder kiezen** verschijnt, dan kunt u een van de aanwezige branders selecteren. Vervolgens wordt achter het veld **Schijftypes** getoond welke mogelijkheden u hebt. Dan weet u meteen met welke beperkingen u te maken hebt. In geval van een dvd-rewriter zien we graag dat de formaten dvd+r en dvd+rw worden ondersteund. Dit type dvd-plaatje werkt namelijk met alle (lees: verreweg de meeste) dvd-spelers. (Overigens één belangrijke opmerking: de dvd-plaatjes die u met een dvd-rewriter inbrandt zijn altijd met behulp van dezelfde dvd-rewriter te lezen. Deze wetenschap kan van pas komen als u goedkoop aan minder compatibele dvd-plaatjes kunt komen.)

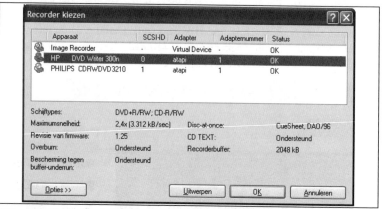

Afbeelding 12.3 *Met behulp van het dialoogvenster Recorder kiezen komen we precies te weten welke cd-rom/dvd-plaatjes door deze dvd-rewriter kunnen worden ingebrand. Weten we ook meteen welke dvd-plaatjes we kunnen kopen in de computerwinkel.*

Tip 4: Geluid dempen

Maakt uw dvd-speler te veel lawaai, dan klinkt het – af en toe – net alsof er een (kleine) vliegtuigmotor wordt gestart. Dat gebeurt dan op het moment dat de dvd-speler vanuit stilstand wordt aangezwengeld. Een highspeed dvd-speler (deze theorie gaat ook op voor cd-romspelers) maakt namelijk zoveel toeren dat het niet gek is dat er zoveel geluid wordt gemaakt. Pak Nero DriveSpeed erbij om twee dingen te regelen: de nieuwe maximale leessnelheid en de nieuwe spin-downtijd. De maximale leessnelheid bepaalt hoeveel toeren de dvd-speler maakt. In de meeste gevallen (bestanden lezen, dvd-video's bekijken) is *double speed* meer dan voldoende. Wilt u op topsnelheid gegevens overhalen, dan kunt u alsnog naar *maximum speed* overschakelen. De spin-downtijd is bepalend voor de tijd die wordt genomen voordat een dvd-speler teruggaat naar 0 toeren oftewel zichzelf uitschakelt. Meestal is deze tijd op 2 minuten ingesteld. Met andere woorden: als u daarna de dvd-speler benadert, dan moet deze eerst weer op toeren worden gebracht. Nero DriveSpeed kan ervoor zorgen dat de spin-downtijd wat ruimer wordt ingesteld, waardoor het opnieuw aanzwengelen van de dvd-speler minder vaak gebeurt.

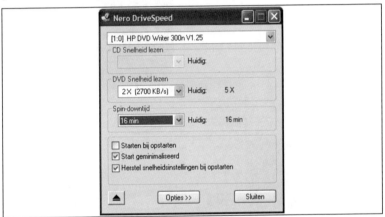

Afbeelding 12.4 *Nero DriveSpeed kan u veel ergernis en geluidsoverlast besparen. Zo kan de rotatiesnelheid van de dvd-speler worden teruggebracht waardoor er minder lawaai wordt gemaakt. Dit gaat wel ten koste van de leessnelheid.*

Tip 5: Het dvd-plaatje dat niet bestaat

In de cd-rom/dvd-wereld kennen we het verschijnsel *disc image*. Een disc image is één bestand waarin de complete cd-rom/dvd wordt omschreven. Zo u wilt, kunt u dit vergelijken met een zip-bestand waarin honderden losse bestanden kunnen staan. In tegenstelling tot een zip-bestand, heeft een disc image de structuur van een cd-rom/dvd-plaatje. In de praktijk zult u zien dat alle inbrandprogramma's disc images kunnen aanmaken, maar ook disc images kunnen inbranden. Het meest gebruikte disc image-formaat is ISO. Surf eens naar een grote ftp-site als **ftp.cdrom.com** om te zien dat er nogal wat ISO-bestanden (lees: disc images) kunnen worden gedownload van internet. Ook komen we regelmatig dvd-images tegen met daarop complete speelfilms. Helaas is dat niet altijd even legaal. Enfin, als u zo'n disc image

hebt gedownload (zelf samenstellen kan natuurlijk ook), dan bent u natuurlijk benieuwd wat erop staat. Normaal gesproken moeten we dan een cd-
rom/dvd-plaatje inbranden. Welnu, dat doen we niet! We starten Nero
ImageDrive en we geven aan dat het bewuste disc image moet worden *ge-
mount* als virtuele cd-rom/dvd-speler. Binnen Windows merkt u daar helemaal niets van, want zo'n virtuele cd-rom/dvd-speler krijgt gewoon een sta-
tionsletter toegewezen!

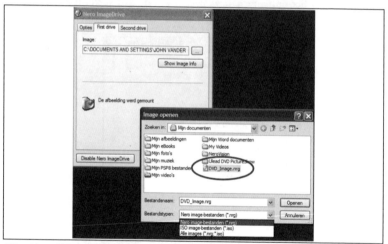

Afbeelding 12.5   *Dit is het setupvenster van Nero ImageDrive. Op dit moment wordt
ingesteld welk cd-rom/dvd-image zal worden geopend door de software. Binnen Windows
is het dan net alsof u met een gewone cd-rom/dvd-speler van doen hebt.*

Afbeelding 12.6   *Het is misschien niet te zien, maar de dvd-spelers J: en K: worden verzorgd door Nero ImageDrive. De gemounte cd-rom/dvd-images gedragen zich als normale
(maar supersnelle!) cd-rom/dvd-spelers.*

Tip 6: Van dvd naar disc image

Het is niet moeilijk om een dvd-plaatje om te zetten naar een disc image.
Het is mogelijk een beetje listig, omdat u te maken kunt krijgen met de al of
niet aanwezige kopieerbeveiliging. (Denk dan aan het ontsluiten van het

dvd-plaatje met behulp van een softwarematige dvd-player en anders aan een ripsessie met behulp van bijvoorbeeld SmartRipper; **www.afterdawn.com**.) Hebt u een dvd-plaatje dat u als disc image wilt overhalen naar de vaste schijf? Haal dan Nero Express erbij en kies in het projectvenster de optie **Gehele schijf kopiëren**. Vervolgens stelt u de dvd-speler in als **Bronstation** en het randapparaat **Image Recorder [DVD]** als **Doelstation**. Op het moment dat u op de knop **Branden** klikt, kunt u een bestandsnaam voor het disc image opgeven. Als dat is gedaan, dan wordt de inhoud van het dvd-plaatje op topsnelheid overgehaald naar een disc image-bestand op de vaste schijf. Dit disc image-bestand kunt u uiteraard kopiëren met behulp van een inbrandprogramma. Ook kunt u het mounten met behulp van Nero Image-Drive. Dat laatste kan bijzonder interessant zijn als het dvd-plaatje een computerspel bevat. Dat computerspel zal namelijk vanaf de vaste schijf een stuk sneller kunnen starten en spelen!

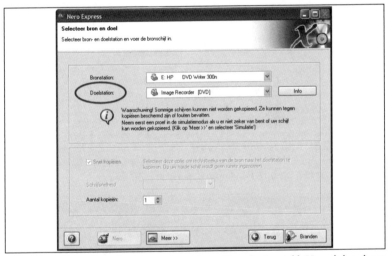

Afbeelding 12.7 *Als doelstation wordt een Image Recorder ingesteld. U raadt het al: met behulp van dit virtuele inbrandapparaat kunnen we een disc image creëren. Een disc image dat we later kunnen hergebruiken.*

Tip 7: Alle dvd-rewriters gebruiken

De kans dat u meer dan één dvd-rewriter in uw systeem hebt zitten, is niet al te groot. De combinatie van een dvd-rewriter en een dvd-speler/cd-rewriter ligt eerder voor de hand. Het is zelfs mogelijk de pc – heel eenvoudig – van drie cd-rom/dvd-rewriters te voorzien, zolang er maar een vaste schijf C: is ingebouwd waarop het besturingssysteem is geïnstalleerd. Immers, een pc kan standaard vier IDE-apparaten aansturen. Enfin, als u snel meerdere kopieën van een cd-rom/dvd wilt maken, dan heeft Nero Burning Rom een mogelijkheid waarmee een compilatie tegelijkertijd op diverse cd-rom/dvd-plaatjes kan worden ingebrand. Op het tabblad **Branden** van het dialoogvenster met de eigenschappen voor de compilatie kan worden ingesteld dat er verschillende recorders kunnen worden gebruikt. Dat betekent dat het dupliceren van (meestal) een disc image enorm kan worden versneld! Maakt u gebruik van deze optie, dan moet – pal voordat het inbranden van start gaat – worden opgegeven naar welke recorders er een disc image zal worden weggeschreven.

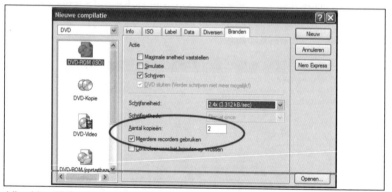

Afbeelding 12.8 *Nero Burning Rom kan verschillende cd-rom/dvd-plaatjes tegelijkertijd inbranden. Maar dan moet de pc natuurlijk wel over verschillende inbrandapparaten beschikken. Dat kan, want IDE-technisch gezien is daar ruimte voor.*

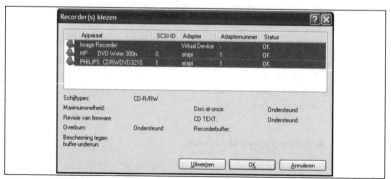

Afbeelding 12.9 *We laten zien hoe het werkt. We hebben ingesteld dat we verschillende inbrandapparaten willen gebruiken. Met behulp van de Shift-toets en/of de Ctrl-toets kunt u aangeven naar welke rewriters het disc image wordt weggeschreven.*

Tip 8: Nero-venster geoptimaliseerd

De manier waarop het werkvenster van Nero Burning Rom standaard is ingesteld, werkt niet al te aangenaam. Eigenlijk moet dat werkvenster gewoon
een stuk breder zijn, maar zo groot is uw beeldscherm ook weer niet... U
kunt dit oplossen door de opdracht **Venster** te selecteren. Kies nu uit een van
de mogelijkheden **Horizontaal (compilatie boven)** en **Horizontaal (compilatie onder)**. Het werkvenster wordt dan zodanig gereorganiseerd, dat het zoeken en vinden van in te branden bestanden een stuk prettiger wordt. U zult
zien dat de bestandsbrowser van Nero Burning Rom – in de breedte – twee
keer zoveel ruimte krijgt. Dat bladert wel zo makkelijk!

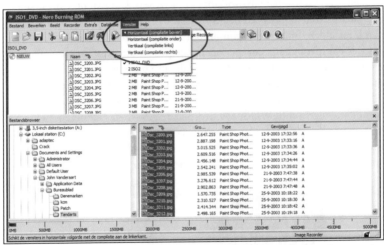

Afbeelding 12.10 *Op deze manier kan het werkvenster van Nero Burning Rom worden
gereorganiseerd; zo wordt er meer ruimte gegeven aan de bestandsbrowser. U zult het zien,
dat werkt een stuk fijner.*

Tip 9: Updates en plug-ins

Surf eens naar **www.nero.com**. U komt dan terecht op de website van Ahead
Software, waar u in contact kunt komen met alle Nero-producten. U kunt
demo's downloaden, FAQ's raadplegen enzovoort. Hebt u Nero al werkend
geïnstalleerd, dan bezoekt u slechts de downloadsectie, waar u de meest re-
cente updates kunt vinden. En dat niet alleen: ook plug-ins, taalpakketten en
documentatiebestanden worden aangeboden. Let vooral op de plug-ins die
in sommige gevallen noodzakelijk zijn om de gewenste functionaliteit aan de
Nero-applicaties toe te voegen. Maar nu wat anders... Surf eens naar Google

(**www.google.com**) en gebruik bijvoorbeeld de zoektekst nero mirror site. U wordt direct geconfronteerd met een groot aantal schaduwdownloadsites waar u de Nero-producten ook kunt vinden, waarbij veel van deze schaduw-downloadsites nog veel meer in de aanbieding hebben! Voorbeelden zijn extra plug-ins en toevoegingen waarvoor anders apart moet worden betaald. Als u op zoek bent naar add-ons voor Nero, dan moet u beslist even verder zoeken op internet.

Tip 10: Snel of grondig wissen

De Nero-applicaties die kunnen inbranden, hebben ook een optie aan boord waarmee u herschrijfbare dvd-plaatjes kunt wissen. Dat kan op twee manieren: snel en volledig. Als een herschrijfbaar dvd-plaatje snel wordt gewist, dan kunt u deze binnen een minuut opnieuw gebruiken. Maar wat u niet weet, is dat met behulp van speciale herstelprogrammatuur nog van alles is terug te halen. Wat is het geval? Slechts de inhoudsopgave is verwijderd, maar de rest van de gegevens staat nog altijd onbeschadigd op het dvd-plaatje. Meestal is dit geen probleem, want enkele tellen later wordt de nieuwe compilatie ingebrand. Wordt een dvd-plaatje gewist en gaat deze terug in de kast, dan is het aan te bevelen de schijf volledig te wissen. Want wie weet, staat er vertrouwelijke informatie op! Bij volledig wissen namelijk, wordt de complete inhoud van het dvd-plaatje onherstelbaar weggegooid.

Afbeelding 12.11 *Over wissen gesproken… Als een herschrijfbaar dvd-plaatje vertrouwelijke informatie (heeft) bevat, dan is het wel zo verstandig om de rewritable volledig te laten wissen. Dan namelijk, kan er niets worden teruggevonden.*

Tip 11: Hoeveel gaat er op een dvd?

Een dvd-video maakt gebruik van het compressieformaat MPEG-2. MPEG-2 is voorzien van een coderingstechniek waarbij we kunnen instellen hoeveel opslagruimte er mag worden gebruikt voor een bepaalde tijdsduur. Deze instelling maakt het als het ware mogelijk aan te geven hoe lang een speelfilm kan worden die op één dvd-recordable van 4,37 GB wordt ingebrand. Normaal gesproken kunnen we circa 120 minuten op een dvd-plaatje kwijt. Nero Vision Express heeft nog meer mogelijkheden:

■ **Hoge kwaliteit**   9716 kbit/seconde, 60 minuten.

■ **Standaard afspelen**   5073 kbit/seconde, 120 minuten.

■ **Long play**   3382 kbit/seconde, 180 minuten.

■ **Extended**   2537 kbit/seconde, 240 minuten.

■ **Super long play**   1691 kbit/seconde, 360 minuten.

Let vooral op het aantal kbit/seconde bij de diverse mogelijkheden. Deze getallen kunt u wellicht meenemen naar andere inbrand- of coderingsapplicaties. Wel willen we u op mogelijke afspeelproblemen attenderen. Niet alle dvd-spelers kunnen overweg met dvd-video's die extreem compact zijn opgeslagen. Dergelijke dvd-spelers hebben niet genoeg rekenkracht in huis om het dvd-plaatje in realtime bij te houden. U ziet vanzelf wanneer dit het geval is, want dan gebeuren er rare dingen op het televisiescherm...

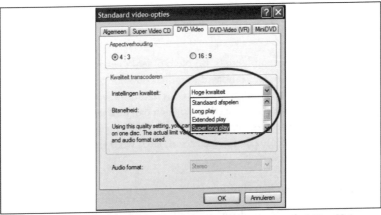

Afbeelding 12.12   *Hoe compact moet de MPEG-2-datastroom worden? Nero Vision Express maakt het niet uit, want er wordt gewoon wat langer doorgerekend. Intussen kunt u wel véél meer videotijd op een enkel dvd-plaatje inbranden.*

Tip 12: Snelheid tijdens wissen

Is het wissen van een dvd-plaatje niet goed gelukt? Maak dan gebruik van de wismogelijkheid van Nero Burning Rom. U kunt een dvd-plaatje snel of volledig laten wissen. Maar wat belangrijker is: u kunt de wissnelheid apart instellen. Kies de laagste snelheid om er zeker van te zijn dat het schoonmaken van het dvd-plaatje grondig en goed gebeurt. Dit verhaal gaat ook op voor cd-rw's die u gereed wilt maken voor hergebruik.

Afbeelding 12.13   *Een herschrijfbaar cd-rom/dvd-plaatje is niet opnieuw te gebruiken? Hebt u al eens geprobeerd dat plaatje op een langzamere snelheid te laten wissen? Niet zelden gaat het dan wel goed!*

Tips voor Nero 7

Nero 7 is de opvolger van Nero 6. Bij Nero 6 denkt iedereen meteen aan Nero Burning Rom (= hét standaard brandpakket voor cd's en dvd's, zoals elders in dit boek genoemd), maar Nero 6 is natuurlijk veel meer. En sterker nog: Nero 7 is zelfs heel veel meer! We mogen dan ook aannemen dat u uw multimedia-pc zo snel mogelijk opwaardeert naar de nieuwste versie van deze super-software. En eenmaal opgewaardeerd, laten wij u zien hoe u Nero 7 optimaal kunt gebruiken.

Tip 13: Aangepaste installatie

Nero 7 wordt geleverd op cd-rom of wordt gedownload van internet (**www.nero.com**). Als u het programma gaat installeren, kies dan voor een aangepaste installatie. Op die manier houdt u de controle op het installeren

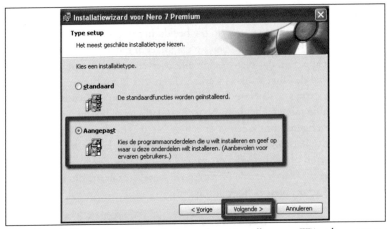

Afbeelding 12.14   *De Nero 7-installatieprocedure is in volle gang... Wij raden u aan om te kiezen voor een aangepaste installatie, want dan kunt u zelf bepalen hoe u het hebben wilt.*

van de afzonderlijke Nero 7-onderdelen in eigen hand. Als u het niet vertrouwt, dan kunt u uiteraard ook voor de standaardinstallatieprocedure kiezen, want dan wordt Nero 7 op de gebruikelijke manier geïnstalleerd op uw pc. Enfin, als de aangepaste installatie wordt doorgezet, dan krijgt u onder andere te zien welke taalversies van Nero 7 u kunt installeren. Het moge duidelijk zijn dat u controleert dat Nero 7 straks Nederlandstalig gaat werken.

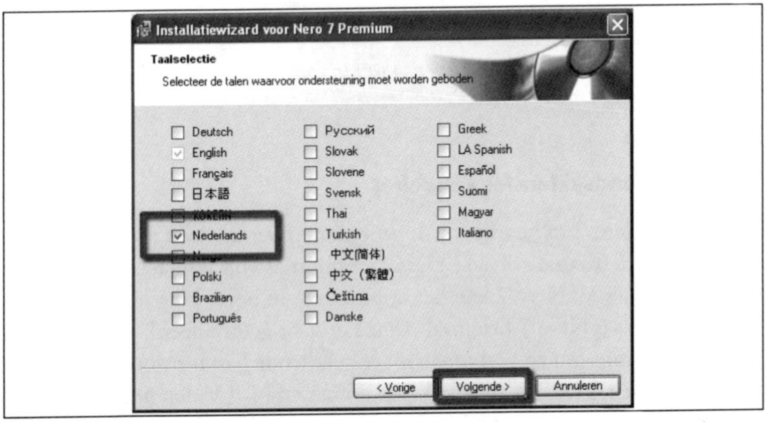

Afbeelding 12.15   *Nero 7 moet u zodadelijk in goed Nederlands kunnen aanspreken, maar dat terzijde. Hier is te zien dat de aangepaste installatie Nero 7 van meerdere taalversies kan voorzien.*

En terwijl de aangepaste installatieprocedure z'n werk doet, verschijnt er opeens een zeer interessant venster op uw beeldscherm: u kunt daarmee precies aangeven welke Nero 7-onderdelen op uw systeem moeten worden geïnstalleerd! U zult snel zien dat Nero 7 eigenlijk over-compleet is, want – zeg eens eerlijk? – 9 van de 10 gebruikers werken alleen met Nero Burning Rom en niet met alle extra's zoals Nero ShowTime, Nero Vision enzovoort. Profiteer derhalve van de mogelijkheid om Nero 7 zo slank mogelijk op uw computer te zetten. Overigens kunt u één voor één de Nero 7-modules selecteren, waarna de installatieprocedure een kleine omschrijving laat zien. Zodoende komt u te weten of het betreffende onderdeel interessant genoeg is om te laten installeren. (Merk op: de Nero 7 power-user installeert uiteraard **All Options** om straks niets te hoeven missen!)

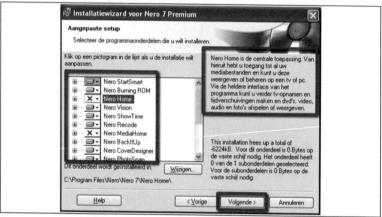

Afbeelding 12.16 *Een zeer strategisch moment tijdens de installatieprocedure: op deze plek kunt u precies aangeven welke Nero 7-onderdelen u straks wel of niet in gebruik gaat nemen.*

Tip 14: Bestandsextensies koppelen

Pal voordat Nero 7 in bedrijf wordt genomen, moet u selecteren welke bestandsextensies u aan de diverse Nero 7-applicaties wilt koppelen. Van foto tot video tot audio: Nero 7 kan het importeren, in bewerking nemen en weer exporteren. Als u Nero 7 helemaal compleet hebt geïnstalleerd, dan is het beslist interessant om zo veel mogelijk verschillende bestandssoorten direct te kunnen openen. Neem zeker een kijkje op het tabblad **Video** om te weten te komen dat Nero 7 direct overweg kan met allerlei videofragmenten, waaronder óók de VOB-bestanden die we kennen van hun aanwezigheid in de subdirectory **VIDEO_TS** (standaard aanwezig op een video-dvd).

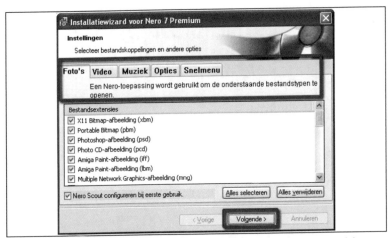

Afbeelding 12.17 *Pal voordat Nero 7 doorstart, kunt u instellen welke bestandsforma-ten direct kunnen worden geopend met behulp van de Nero 7-applicaties. Zoals u ziet, herkent Nero 7 foto, video èn audio.*

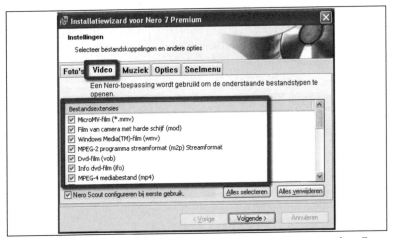

Afbeelding 12.18 *U kijkt naar de videobestanden waarmee Nero 7 overweg kan. En dan is het zeer interessant om te zien dat ook VOB-bestanden kunnen worden ingelezen. VOB-bestanden vinden we namelijk terug op video-dvd's!*

Tip 15: Nero 7 up-to-date brengen

Voordat u daadwerkelijk met Nero 7 aan de slag gaat, moet u ervoor zorgen dat het programma up-to-date wordt gebracht. U gaat, via de knop **Start** van Windows naar de opdracht **Nero ProductSetup** toe. Als even later het dia-

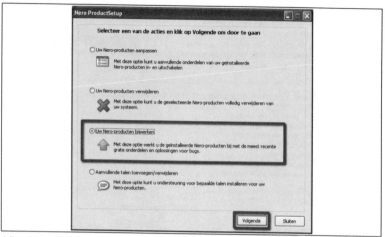

Afbeelding 12.19 *De tool Nero ProductSetup gebruikt u onder andere om Nero 7 op te frissen met de nieuwste programmamodules. Ook kunt u de Nero 7-installatie achteraf aanpassen.*

loogvenster Nero ProductSetup verschijnt, dan plaatst u een vinkje voor de optie **Uw Nero-producten bijwerken** en meteen daarna klikt u op de knop **Volgende.** Vervolgens wordt uw systeem onderzocht en daarna wordt er via internet contact gezocht met een speciale Nero-server die de software-

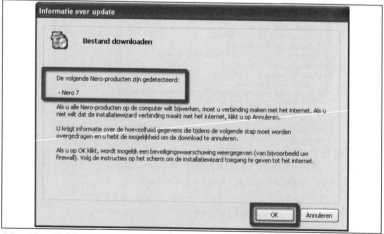

Afbeelding 12.20 *De update-utility heeft uw systeem onderzocht en is te weten gekomen welke software er moet worden opgewaardeerd. Daarvoor moet wel verbinding worden gemaakt met internet.*

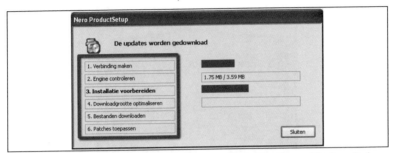

Afbeelding 12.21   *Het opwaarderen van Nero 7 is thans in volle gang! De benodigde updates worden gedownload en zullen daarna worden geïnstalleerd.*

updates voor u heeft klaarstaan. Met als gevolg dat de juiste bestanden zullen worden gedownload, waarna Nero 7 correct zal worden bijgewerkt. De bovenstaande handelingen kunt u zo eens in de maand herhalen, want regelmatig zullen er bugfixes en updates verschijnen: bugfixes om fouten te herstellen en updates om nieuwe functies toe te voegen...

Tip 16: Nero 7 op de werkbalk Snel starten

Als Nero 7 is geïnstalleerd, dan zult u merken dat de werkbalk Snel starten (te activeren als onderdeel op de Taakbalk van Windows) is voorzien van twee extra pictogrammen: **Nero SmartStart** en **Nero Home.** Nero SmartStart is een hulpprogramma waarmee u op een handige manier steeds weer de juiste Nero 7-tool voor steeds weer het juiste cd-/dvd-klusje laat starten. Nero Home is een beheerprogramma waarmee u al uw multimediabestanden direct onder handbereik hebt. Nero Home bewijst pas ècht goede diensten als het samenwerkt met een complete multimediacomputer die is voorzien van extra hardware, zoals een tv-tunerkaart, een FireWire-poort (voor de koppeling met een digitale videocamera), een webcam enzovoort. Enfin, de twee genoemde pictogrammen die in de werkbalk Snel starten staan, zorgen ervoor dat u het menu Start niet nodig hebt als u een Nero 7-onderdeel wilt starten. (Tip: klik met de rechtermuisknop en kies de snelopdracht **Verwijderen** als u een van de Nero 7-pictogrammen uit de werkbalk Snel starten wilt weghalen.)

Afbeelding 12.22   *Deze twee pictogrammen zijn door de installatieprocedure van Nero 7 in de werkbalk Snel starten neergezet. Zodoende kunt u het menu Start eenvoudig passeren.*

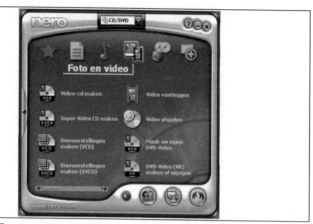

Afbeelding 12.23   *Dit is Nero SmartStart. Met behulp van deze tool geeft u aan wat voor klusje u wilt uitvoeren, waarna het juiste Nero 7-hulpprogramma wordt gestart.*

Tip 17: Nero SmartStart beperken

Als u Nero SmartStart opent, dan laat het programma zien welke cd- en welke dvd-klusjes u kunt laten uitvoeren door Nero 7. En eerlijk is eerlijk: de cd heeft toch wel een beetje afgedaan (want te weinig opslagruimte) als moderne datadrager… U beperkt zich dan ook tot de dvd-klusjes en dat doet u door aan te geven dat Nero SmartStart zich niet langer met cd-werkzaamheden moet bemoeien: u stelt in dat u vanaf nu alléén nog maar met dvd-r's en

Afbeelding 12.24   *Met behulp van deze lijst geeft u aan dat u alleen met dvd-schijfjes aan de slag gaat. Helaas… de cd wordt steeds minder populair.*

Afbeelding 12.25 *Dat werkt meteen een stuk prettiger: Nero SmartStart beperkt zich tot de belangrijkste dvd-klusjes. U ziet het, nog steeds mogelijkheden genoeg!*

dvd-rw's aan de slag gaat. Met als gevolg dat Nero SmartStart zich zal beperken tot de hoofdlijnen, en dan wordt de kluskeuze opeens een stuk eenvoudiger.

Tip 18: Nero SmartStart in de juiste kleur

Rechtsonder in beeld vindt u bij Nero SmartStart de (middelste) knop **Configureren**. Druk op deze knop om het gelijknamige venster te openen. Als eerste gaat u naar het tabblad **Stijl** om Nero SmartStart van de juiste kleur te voorzien. Rood is weliswaar de standaard Nero 7-kleur, maar binnen Windows werkt u ongetwijfeld liever met een van de kleuren blauw of groen. U klikt de door u gewenste kleur aan in de lijst **Kleur thema,** waarna u Nero SmartStart afsluit en meteen weer opstart om te zien dat het nieuwe uiterlijk een stuk beter bevalt.

Tip 19: De juiste applicatie voor het juiste klusje

Nero SmartStart wordt, zoals u inmiddels al weet, gebruikt om de Nero 7-tool te starten die nodig is voor het klusje dat u wilt laten uitvoeren. Open het venster **Configureren** en klik op het tabblad **Algemeen**. In eerste instantie moet u de lijst **Taak** openen om te zien welke mogelijkheden Nero SmartStart zoal in beheer heeft. Selecteer bijvoorbeeld **DVD-Video bestan-**

Afbeelding 12.26 *Nero SmartStart laat zien welke cd-/dvd-klusjes u kunt laten uitvoeren door Nero 7. Per cd-/dvd-klusje is in te stellen welk onderdeel van Nero 7 zal worden aangeroepen.*

den branden. Als u deze keuze hebt gemaakt, raadpleegt u vervolgens de daarvoor speciaal opgefriste lijst **Openen met** om te weten te komen welke Nero 7-applicatie er zal worden gebruikt als u dvd-videobestanden wilt gaan branden. Beginnende gebruikers stellen in op het eenvoudige **Nero Express**. Gevorderde gebruikers kiezen **Nero Burning Rom**. (Merk op: u kunt hier later altijd weer terugkomen als u een bepaalde Nero 7-taak tóch door een andere Nero 7-tool wilt laten uitvoeren.)

Afbeelding 12.27 *De taak DVD-Video bestanden branden kunt u laten uitvoeren door Nero Burning Rom, maar óók door Nero Express. Hebt u al vaker met Nero 7 gewerkt, dan kiest u vanzelfsprekend voor de optie Nero Burning Rom.*

Tip 20: Makkelijke en moeilijke taken

Rechtsonder in beeld vindt u bij Nero SmartStart enkele knoppen... Met behulp van een van deze knoppen kunt u schakelen tussen de makkelijke en de moeilijke taken. Als u precies wilt weten wat Nero 7 voor u kan betekenen, dan vertelt u Nero SmartStart dat deze alle taken moet laten zien, dus ook de moeilijke. Een van de taken die u dan ontsluit, is het kunnen branden van dvd-videobestanden.

Afbeelding 12.28   *Hier ziet u de knop waarmee u Nero SmartStart vertelt dat deze ook de moeilijke taken moet laten zien. U merkt dan meteen dat Nero 7 wel héél erg uitgebreid is!*

Afbeelding 12.29   *De moeilijke taken zijn erbij gekomen en een van die moeilijke taken is het kunnen branden van dvd-videobestanden. Daarover hierna meer...*

Tip 21: Dvd-videobestanden branden

We beginnen met het eerste dvd-videoproject: het inbranden van dvd-video-bestanden die u bijvoorbeeld kant-en-klaar van internet hebt gedownload. Het basismateriaal is een map met daarin een aantal dvd-videobestanden die gezamenlijk de inhoud van de strategische subdirectory **VIDEO_TS** op het dvd-schijfje zullen vormen. De locatie van de getoonde map houden we even in ons achterhoofd en in Nero SmartStart geven we aan dat we het klusje

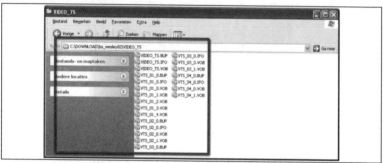

Afbeelding 12.30 *De kenners zien het meteen: de inhoud van deze map hoort eigenlijk in de subdirectory VIDEO_TS\ op een dvd-schijfje te staan. Met andere woorden: we gaan dvd-videobestanden branden.*

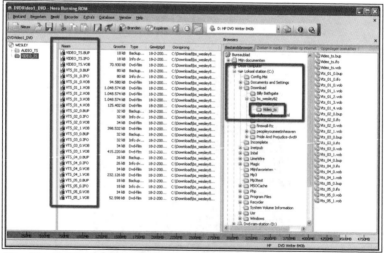

Afbeelding 12.31 *Nero Burning Rom wordt gestart, waarbij er meteen een nieuw dvd-videoproject wordt aangemaakt. We gaan naar de map met de dvd-videobestanden en die slepen we naar de linkerkant van het Nero Burning Rom-werkvenster, om precies te zijn naar de map VIDEO_TS\ op het toekomstige dvd-schijfje.*

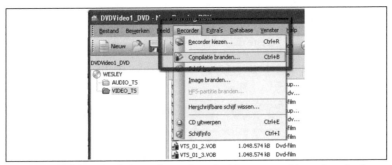

Afbeelding 12.32 *Als alle bestanden op de goede plek zijn gezet, kiest u de opdracht Recorder en Compilatie branden. Plaats wel een dvd-r of dvd-rw in de dvd-rewriter...*

DVD-Video bestanden branden willen uitvoeren. Dit heeft tot gevolg dat Nero Burning Rom wordt gestart, waarbij het programma direct wordt ingesteld voor het creëren van een video-dvd: links in beeld ziet u reeds een voor video-dvd ingericht dvd-project met daarbij reeds klaargezet de mappen **AUDIO_TS** en **VIDEO_TS**. Rechts in beeld gaat u met behulp van de Bestandsbrowser naar de map waarin de eerder getoonde dvd-videobestanden gereedstaan. Deze gereedstaande bestanden selecteert u, waarna u ze met behulp van de linkermuisknop naar de map **VIDEO_TS** op de toekomstige video-dvd sleept. Is dat gelukt, dan plaatst u een dvd-schijfje in de dvd-

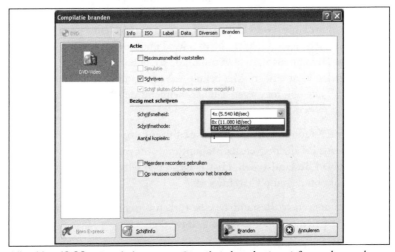

Afbeelding 12.33 *Het dialoogvenster Compilatie branden is actief geworden en als er een leeg dvd-schijfje in de dvd-rewriter aanwezig is, dan komt u te weten hoe snel u kunt branden. Kies de langzaamste brandsnelheid, want dat garandeert het beste resultaat.*

rewriter en u kiest u de opdracht **Recorder** en **Compilatie branden**. Als vervolgens het dialoovenster **Compilatie branden** verschijnt, dan gaat u naar het veld **Schrijfsnelheid** alwaar u aangeeft dat de dvd op de laagste (= meest grondige) snelheid moet worden ingebrand. Meteen daarna kunt u op de knop **Branden** klikken.

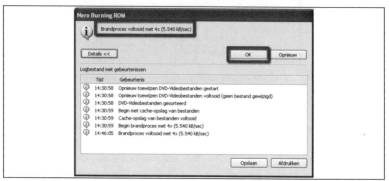

Afbeelding 12.34   *De dvd is op dit moment door Nero Burning Rom iebrand. Alleen... kan deze dvd ook weer worden afgespeeld met behulp van een dvd-speler?*

Tip 22: Nero ShowTime starten

Hebt u een video-dvd gebrand en wilt u deze testen? Dat is geen probleem, want dat kan Nero 7 voor u regelen met behulp van de speciale multimediatool Nero ShowTime. Nero ShowTime vindt u in het Nero 7-menu onder het submenu **Afspelen**. Ook kan Nero ShowTime worden gestart met behulp van Nero SmartStart, alwaar u bij de sectie **Foto en video** de optie **Video afspelen** kunt vinden. Met behulp van een handige truc kunnen we Nero ShowTime ook toevoegen aan het snelmenu van Windows Verkenner. Ga als volgt te werk:

1   U opent Windows Verkenner en u gaat naar de opdracht **Extra** en **Mapopties**. Als het dialoogvenster **Mapopties** wordt getoond, dan opent u het tabblad **Bestandstypen**. Hier aangekomen selecteert u de optie **DVD** en u klikt op de knop **Geavanceerd**.

2   Het dialoogvenster **Bestandstype bewerken** verschijnt. U selecteert de optie **Afspelen** en klikt op de knop **Bewerken**.

3   Als het dialoogvenster **Actie bewerken voor type: DVD** zichtbaar wordt, dan klikt u op de knop **Bladeren**, waarna u vertelt dat vanaf nu het programma **C:\Program Files\Nero\Nero 7\Nero ShowTime\Show-**

Time.exe gebruikt gaat worden als er een video-dvd in de dvd-speler wordt geplaatst.

4 U kunt nu alle geopende dialoogvenster sluiten en als u daarna **Deze computer** opent, dan kunt u met de rechtermuisknop op de dvd-speler klikken. Zit er een dvd-plaatje in de dvd-rewriter, dan kunt u deze direct in contact brengen met Nero ShowTime als u de snelopdracht **Afspelen** kiest. Probeer het maar eens!

Afbeelding 12.35 *Het dialoogvenster Mapopties van Windows Verkenner kent het bestandstype DVD. We gaan ervoor zorgen dat dit bestandstype vanaf nu gekoppeld wordt aan Nero ShowTime.*

Afbeelding 12.36 *Het gaat ons – op dit moment – om de optie Afspelen. Deze optie vindt u later terug in het snelmenu van Windows Verkenner als u in Deze computer (met de rechtermuisknop) op een video-dvd klikt.*

Afbeelding 12.37 *Opgelet! Ergens op de vaste schijf vindt u een map waarin de executable (het opstartbare programma) van Nero ShowTime is te vinden. Gelukkig heeft Nero 7 zichzelf zéér netjes geïnstalleerd op uw systeem…*

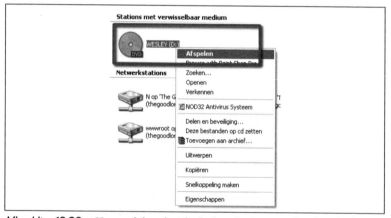

Afbeelding 12.38 *Het verschil speelt zich af achter de schermen: als u de snelopdracht Afspelen kiest, dan zal vanaf nu Nero ShowTime worden gestart. Ideaal als u veel en vaak video-dvd's wilt testen.*

Tip 23: Testen met Nero ShowTime

Zit er een video-dvd in de dvd-rewriter en het is u gelukt om Nero Show-Time te starten, dan zult u direct kunnen testen of de dvd goed functioneert en of deze – later – ook kan worden afgespeeld op de dvd-speler in de huis-kamer. Voor nu moet u vooral op de knop **Uitwerpen** letten, want daarmee kunt u handig van dvd-schijfje wisselen. Als u voor de eerste keer op deze

Afbeelding 12.39 *Nero ShowTime wordt gebruikt om de zojuist gecreëerde video-dvd te testen. Zo op het eerste gezicht is alles prima in orde! Merk op: we hebben de knop Uitwerpen speciaal voor u geaccentueerd.*

knop klikt, dan wordt het dvd-schijfje uitgeworpen door de dvd-rewriter. Klikt u daarna voor de tweede keer op de knop, dan wordt de slede van de dvd-rewriter weer afgesloten, waarna Nero ShowTime andermaal begint met het afspelen van een (andere?) video-dvd! Zodoende kunt u razendsnel meerdere video-dvd's testen!

Tip 24: Dvd-image branden

Een video-dvd die u van internet afhaalt kan ook in de vorm van een dvd-imagebestand worden aangeboden. De extensies die we in verreweg de meeste gevallen tegenkomen zijn ISO en IMG. Een ISO-bestand kunt u aanklikken met de rechtermuisknop om te zien dat het direct door Nero Burning Rom kan worden geopend. (Een IMG-bestand kan een verhaal apart worden, maar dat is afhankelijk van de software die u nog meer op uw pc hebt geïnstalleerd; daarover dadelijk meer…) Enfin, u zult merken dat Nero Burning Rom wordt gestart, waarbij het ISO-bestand direct als een dvd-imagebestand wordt herkend en evenzo direct op een dvd-schijfje kan worden gebrand. Voordat u echter op de knop **Branden** klikt nog twee dingen: u kiest voor de laagste brandsnelheid om ervoor te zorgen dat het dvd-imagebestand zo stevig mogelijk wordt gebrand en u laat het dvd-schijfje meteen sluiten (= fixeren), want dat wordt door meerdere merken en typen dvd-spelers zéér op prijs gesteld!

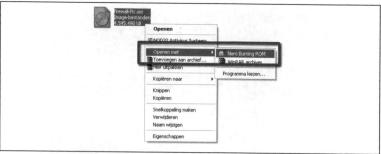

Afbeelding 12.40 *Een ISO-bestand wordt direct herkend door Nero Burning Rom. Afhankelijk van de tools die u nog meer op uw systeem hebt geïnstalleerd, zult u merken dat de snelopdracht Openen met op diverse manieren kan reageren.*

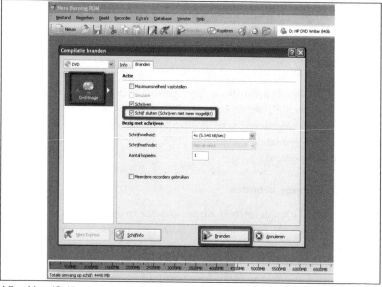

Afbeelding 12.41 *Als u het dvd-imagebestand opent met behulp van Nero Burning Rom, dan wordt het programma op de enige en juiste manier gestart: u kunt dan ook direct beginnen met branden!*

Tip 25: Dvd-image met andere extensie

Een dvd-imagebestand kan de extensie ISO hebben meegekregen, maar niet zelden loopt u tegen de extensie IMG op. Voor Nero 7 is de IMG-extensie geen onbekende, maar – helaas voor u – wordt het bestandstype IMG ook voor andere doeleinden gebruikt... Zo herkent het bekende en dus vaak

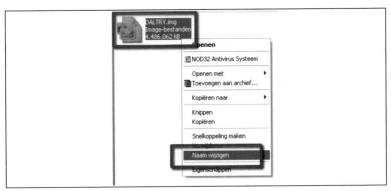

Afbeelding 12.42 *Dit dvd-imagebestand is voorzien van de extensie IMG en daarmee komen we mogelijk in de problemen: deze extensie hoort – op dit systeem – kennelijk bij Paint Shop Pro! Geen nood, we gaan de extensie IMG veranderen in ISO.*

geïnstalleerde fotobewerkingsprogramma Paint Shop Pro de extensie IMG als een bitmapbestand. U moet intussen weten dat – in geval van dvd-images – de extensie IMG afkomstig is van de Apple Macintosh en dat een IMG-bestand (op de extensie na) volkomen identiek is aan een ISO-bestand. Dus? U klikt met de rechtermuisknop op een IMG-bestand en u kiest de snel-opdracht **Naam wijzigen**. U verandert de extensie IMG in ISO, waarna Windows Verkenner u vertelt dat u mogelijk iets heel verkeerds aan het doen bent. U drukt de getoonde boodschap weg door op **Ja** te klikken, waarna u ziet dat niet alleen de extensie maar ook het pictogram van het dvd-image-bestand wordt aangepast. En vervolgens is het niet moeilijk meer om de video-dvd te branden! (Merk op: bij de **Mapopties** van Windows Verkenner moet apart worden ingesteld dat de bij Windows XP bekende extensies moeten worden getoond aan de gebruiker. Gaarne rekening mee houden...)

Afbeelding 12.43 *Windows Verkenner stribbelt aanvankelijk tegen, want een IMG-bestand hoeft niet per se identiek te zijn aan een ISO-bestand. Wij klikken deze waar-schuwing gewoon even weg...*

Afbeelding 12.44 *Windows Verkenner herkent het (nu) ISO-bestand als een ècht dvd-imagebestand dat op de – inmiddels – bekende manier door Nero Burning Rom op een dvd-schijfje kan worden gebrand.*

Hoofdstuk 13
Tips voor Easy CD & DVD Creator

Er zijn twee dvd-inbrandpakketten die de markt domineren: Nero 6 en Roxio Easy CD & DVD Creator 6. Als u een dvd-rewriter koopt, dan kan het niet missen of een van deze programma's wordt meegeleverd.

Tip 1: De juiste brander als standaard

Creator Classic is de hoofd-inbrandmodule van Roxio Easy CD & DVD Creator. De mogelijkheden van dit programma hangen af van de als standaard ingestelde cd-rom/dvd-rewriter. Is uw pc voorzien van twee branders, dan moet u even controleren of het juiste apparaat als standaardbrander staat ingesteld. Rechtsonder in het werkvenster van Creator Classic – pal naast het veld **Standaardrecorder** – kunt u een lijst openen. Zorg ervoor dat het vinkje voor de juiste brander wordt neergezet. Wordt gesignaleerd dat er een dvd-rewriter is gekozen, dan kunt u vanaf dat moment ook een dvd-gegevens-

Afbeelding 13.1   *Heel wezenlijk: het instellen van het inbrandapparaat dat wordt gebruikt door Creator Classic. Hiermee wordt namelijk bepaald of er wel of geen dvd-plaatjes kunnen worden ingebrand. U moet namelijk de dvd-rewriter als standaardrecorder inschakelen.*

Afbeelding 13.2   *De verschillende plaatjes die met deze standaardrecorder kunnen worden ingebrand: kleine cd-plaatjes, normale cd-plaatjes en dvd-plaatjes. Als er een leeg plaatje in de rewriter is gestoken, zal Creator Classic de grootte zelf bepalen.*

schijf inbranden. Kijk ook even linksonder in het werkvenster van Creator Classic. Daar kunnen namelijk de in te branden schijfgroottes worden ingesteld.

Tip 2: Eigenschappen van een dvd-plaatje

Wilt u weten hoe een dvd-plaatje in elkaar steekt? Bijvoorbeeld om te checken of zo'n dvd-plaatje opnieuw kan worden gebruikt? Of anders om te controleren of zo'n dvd-plaatje is voorzien van een kopieerbeveiliging? Neem dan Creator Classic erbij en klik op **Schijf** en **Schijfinformatie**. Alle aanwezige cd-rom/dvd-spelers worden dan getoond. Selecteer er één om te zien wat Creator Classic u erover kan vertellen, waarbij we opmerken dat het dialoogvenster **Schijfinformatie** ook kan worden gebruikt om een dvd+rw te wissen of te herstellen! (Met de knop **Track lezen** kunt u een dvd-track laten wegschrijven als een ISO-imagebestand.)

Tip 3: Dvd's dupliceren

Met behulp van Roxio Disc Copier kunt u zowel cd-rom's als dvd's dupliceren. Met één restrictie: beveiligde dvd-video's worden helaas niet gekopieerd. Tot zover het slechte nieuws… In de praktijk zult u zien dat een dvd-video niet zelden wel wordt geaccepteerd door Roxio Disc Copier. En dat bespaart u natuurlijk een compleet ripproces! Altijd eerst even proberen dus.

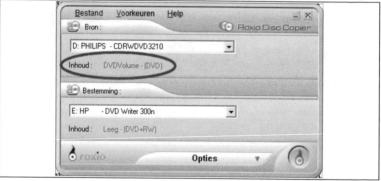

Afbeelding 13.3 *Een voorbeeld van een dvd-video die keurig kan worden gedupliceerd met behulp van Roxio Disc Copier. Dit verhaal gaat natuurlijk niet op voor de nieuwste speelfilms en voor dvd-plaatjes die gebruikmaken van de dual layer-techniek.*

Tip 4: Dvd+rw kapot gegaan

Hebt u een dvd+rw per ongeluk gewist of is deze om andere redenen niet meer te benaderen? Met wat geluk hebt u dan de optie **Snel wissen** gekozen, hebt u het wissen tussentijds onderbroken of is de fout niet al te schokkend, want dan valt er nog wat te redden. Hiervoor maakt u gebruik van de functie ScanDisk van Roxio Drag-to-Disc. Dit heeft tot gevolg dat ScanDisk wordt gestart, waarna u de te controleren dvd-rewriter instelt. Vervolgens wordt gecontroleerd of de dvd+rw fouten bevat. Is dat het geval, dan zal ScanDisk de dvd+rw nader onderzoeken en trachten de gevonden fouten te herstellen. Afhankelijk van de grootte van de cd-rom/dvd, is ScanDisk daar wel even mee bezig. Dit is uw experiment zeker waard! We moeten evenwel eerlijk zijn: ScanDisk komt er niet altijd uit en dan bent u alles definitief kwijt…

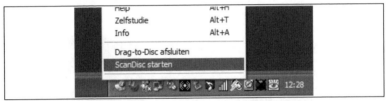

Afbeelding 13.4 *Is Drag-to-Disc actief op uw pc, dan gaat u naar de taakbalk, pal naast het systeemklokje. Klik met de rechtermuisknop op het pictogram van Drag-to-Disc. Het gaat ons om de opdracht ScanDisk.*

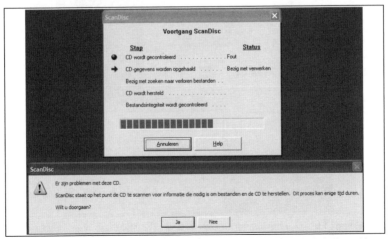

Afbeelding 13.5 *ScanDisk is op dit moment aan het werk met/op een dvd-plaatje dat we eerder wat ongelukkig hebben gewist. Na afloop zal dit dvd-plaatje zodanig zijn hersteld dat we de originele bestanden weer kunnen benaderen!*

Tip 5: Drag-to-Disc overal leesbaar

Met behulp van Drag-to-Disc kan een dvd+rw zodanig worden ingezet, dat het reageert als een supergrote diskette. Graag willen we u één vraag stellen: moet de dvd+rw die u op deze manier gebruikt ook in een ander systeem kunnen werken waarop Drag-to-Disc niet is geïnstalleerd? Klik dan in de taakbalk – pal naast het klokje – met de rechtermuisknop op het pictogram van Drag-to-Disc. Vervolgens klikt u op **Instellingen**. Als het bijbehorende dialoogvenster verschijnt, dan plaatst u als eerste een vinkje voor de optie **Maak deze schijf leesbaar op elk CD- of DVD-station**. Vervolgens klikt u op de knop **Geavanceerde uitwerpinstellingen**. Nu geeft u op dat u van het **ISO-bestandssysteem** gebruik gaat maken, want daarmee zorgt u ervoor dat het cd-rom/dvd-plaatje ook door niet-Windows-systemen kan worden gelezen. Dit heeft echter wel tot gevolg dat Drag-to-Disc wat langzamer zal functioneren.

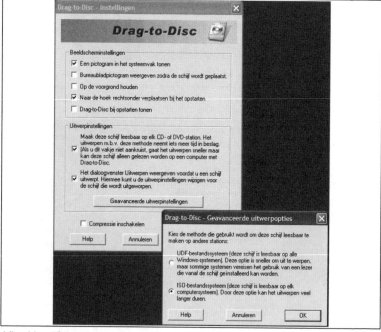

Afbeelding 13.6   *De instellingen van Drag-to-Disc. We hebben het programma zodanig ingesteld dat dvd-plaatjes die zijn ingebrand met behulp van Drag-to-Disc door alle systemen kunnen worden benaderd.*

Tip 6: Opnamemogelijkheden van DVD Builder

Als u dvd-video's wilt creëren met behulp van Roxio-software, dan grijpt u naar het programma DVD Builder. DVD Builder kan beelden van de digitale videocamera overhalen, kan multimediabestanden importeren, kan realtime beelden opnemen en kan contact maken met willekeurige videoapparaten die op de pc zijn aangesloten, zoals bijvoorbeeld de tv-tunerkaart. Dan is het afhankelijk van de tv-tunerkaart wat de mogelijkheden zijn. In geval van Pinnacle PCTV bijvoorbeeld biedt DVD Builder betere opnamemogelijkheden dan de PCTV-software zelf, zoals het kunnen inlezen van videobeelden in echt PAL-formaat, dus in een resolutie van 720 x 576. Voor stilstaande beelden zijn er ook grotere formaten, maar het is wel zo slim om bij PAL in de buurt te blijven. Tevens kunnen zaken als helderheid, contrast en verzadiging worden bijgewerkt. Ook de webcam, de digitale fotocamera, de scanner en de screencapturesoftware kunnen door DVD Builder worden benaderd. Wel merken we op dat de beelden op twee manieren kunnen worden opgenomen: als bewegende beelden (dus als videofragment) en als stilstaande beelden (dus als foto).

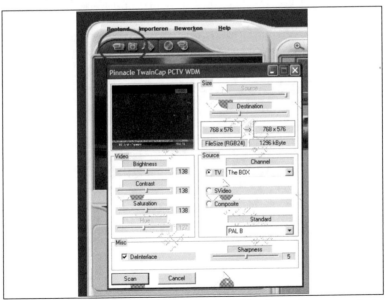

Afbeelding 13.7 *Een fantastische extra van DVD Builder: de programmeurs van Roxio hebben voor een uitgebreide koppeling met andere video-/bitmapapparaten gezorgd. Als het beeld(en) aanlevert, dan kan DVD Builder het uitlezen! Klik op het videocamerapictogram voor bewegende beelden. Klik op het fototoestelpictogram voor stilstaande beelden.*

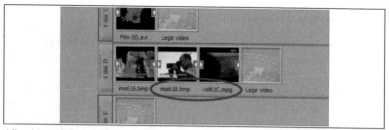

Afbeelding 13.8 *Twee keer een import vanuit de tv-tunerkaart. De ene keer een stilstaand beeld en dus een bitmap. De andere keer bewegende beelden en dus een MPG-bestand. DVD Builder is een alleseter!*

Tip 7: Bitmapmogelijkheden

Als u met DVD Builder aan het werk gaat, dan moet u voor de grap eens een bitmap inlezen of 'capturen'. Als zo'n bitmap eenmaal is overgehaald naar een van de filmstrips van DVD Builder, klik er dan met de rechtermuisknop op. Er zal een snelmenu verschijnen, waarmee u de eigenschappen van de bitmap kunt instellen. Let vooral op de mogelijkheden achter de optie **Duur**. U kunt nu namelijk aangeven hoe lang een bitmap in beeld moet blijven staan alvorens wordt overgeschakeld naar het volgende fragment. Dan is ook meteen duidelijk geworden hoe u een diashow creëert met behulp van DVD Builder. Juist, door gewoon een aantal foto's achter elkaar te plaatsen!

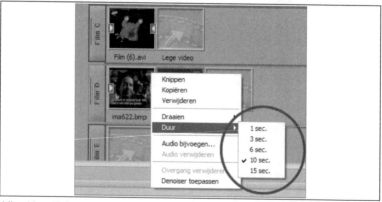

Afbeelding 13.9 *Dit zijn de eigenschappen van een bitmapafbeelding als deze is geïmporteerd door DVD Builder. Roteren behoort tot de mogelijkheden, maar ook kan de tijdsduur worden ingesteld, om aan te geven hoelang een bitmap moet worden getoond.*

Tip 8: Bitmaps worden diashow

Hebt u een aantal bitmaps die u wilt ombouwen naar een diashow op dvd-video, dan kiest u in DVD Builder de opdracht **Importeren** en **Bestanden importeren**. Het dialoogvenster **Bestanden importeren** wordt nu bovenop het werkvenster van DVD Builder geplaatst. U geeft aan dat u op zoek gaat naar stilstaande beelden en vervolgens kunt u, met behulp van een Verken-ner-venster, op zoek gaan naar de bitmaps die u wilt overhalen naar DVD Builder. U krijgt miniatuurweergaven te zien en als u de Ctrl-toets ingedrukt houdt, dan selecteert u alleen de gewenste plaatjes. Is de keuze gemaakt, klik dan op de knop **OK** om de selectie over te halen naar de geselecteerde film-strip van DVD Builder.

Afbeelding 13.10 *Op dit moment maken we een diashow aan met behulp van een aan-tal digitale foto's. Alleen de gewenste kiekjes worden geselecteerd en overgehaald naar de filmstrip.*

Tip 9: Een dia rechtop zetten

De beelden die door de digitale fotocamera worden aangeleverd zijn altijd liggend. Als u een dergelijke digitale foto overhaalt naar DVD Builder dan moet dit natuurlijk worden gecorrigeerd. Klik met de rechtermuisknop en kies een van de opdrachten achter **Draaien**.

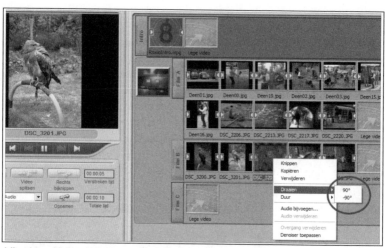

Afbeelding 13.11   *Zeer eenvoudig maar daarom niet minder essentieel: het 90 graden kunnen draaien van liggende digitale foto's.*

Tip 10: Werken met beeldovergangen

Natuurlijk kent DVD Builder het verschijnsel beeldovergangen. Hiermee kunt u vloeiend van de ene naar de andere bitmap/video overschakelen. Als u goed kijkt, dan ziet u tussen twee bitmaps/video's steeds twee liggende pijltjes. Is de achtergrond van deze pijltjes lichtblauw, dan is er – nog – geen beeldovergang ingesteld. Is de achtergrond van deze pijltjes oranje, dan wordt er wel gebruikgemaakt van een fraai overgangseffect. De vraag is: hoe stellen we een beeldovergang in? Als eerste moet u ervoor zorgen dat de werkbalk met beeldovergangen zichtbaar is. U doet dat door op het pictogram **Overgangen wijzigen** te klikken dat u in het midden onderaan in het werkvenster van DVD Builder tegenkomt. Ziet u een leuk effect, dan kunt u dit oppakken en naar de filmstrip slepen, alwaar u het op de twee eerdergenoemde pijltjes laat vallen. Moet het overgangseffect worden verwijderd of

Afbeelding 13.12   *Onderin beeld staan alle beeldovergangen die DVD Builder in de aanbieding heeft. Bent u benieuwd hoe een bepaald effect uitpakt, plaats dan de muis erop en de getoonde animatie laat het u weten.*

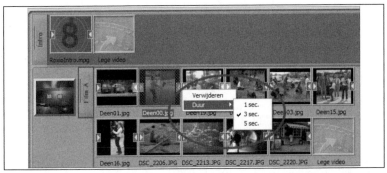

Afbeelding 13.13 *Twee dingen: aan de licht oranje kleur is te zien dat gebruik wordt gemaakt van een overgangseffect. Een overgangseffect kan worden verwijderd en de tijdsduur kan worden aangepast.*

wilt u de tijdsduur aanpassen, dan klikt u met de rechtermuisknop op de twee pijltjes, waarna u uw keuze kunt maken.

Tip 11: Alle dia's in één keer behandeld

U hebt een groot aantal dia's in DVD Builder geïmporteerd en u vindt het toevoegen van beeldovergangen te tijdrovend worden omdat dat enorm veel handelingen zou kosten? Klik dan met de rechtermuisknop op het filmblok (links naast de filmstrip). Vervolgens kiest u de snelopdracht **Willekeurige overgangen op alle films in clip toepassen**. Maak gebruik van de snelopdracht **Voorbeeld** om te zien hoe de clip – inclusief de beeldovergangen – uit deze strijd komt. Bevalt het niet helemaal, dan selecteert u nogmaals de snel-

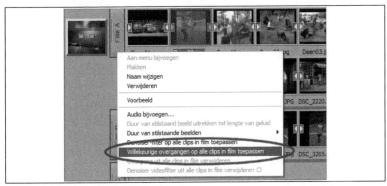

Afbeelding 13.14 *Dit is het snelmenu dat van toepassing is op alle onderdelen van een clip. U kunt de beeldovergangen verzorgen, maar ook in één keer opgeven hoe lang de stilstaande beelden moeten worden getoond.*

opdracht **Willekeurige overgangen op alle films in clip toepassen**. De toekenning wordt geheel willekeurig gedaan, dus iedere keer krijgt u andere beeldovergangen te zien!

Tip 12: Een aangepast dvd-menu

Het is mogelijk het dvd-menu, dat door DVD Builder wordt aangemaakt, te veranderen. Onderin beeld klikt u dan op de knop **Menuthema's wijzigen**, waarna er een werkbalk verschijnt met daarin een groot aantal verschillende menuthema's in diverse kleurstellingen. U kunt op een van deze menuthema's dubbelklikken om het over te halen naar het werkvenster van DVD Builder. In het menu ziet u ook nog diverse teksten staan. De koptekst kan worden gewijzigd door erop te klikken. Tevens kunnen het lettertype, de lettergrootte en de letterkleur worden ingesteld. De teksten die onder de menukeuzes (lees: de miniatuurweergaven van de bijbehorende clips) staan, zijn te

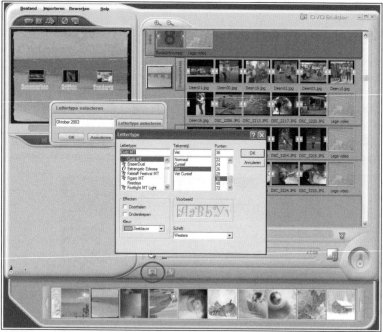

Afbeelding 13.15 *In eerste instantie kijken we naar de menuthema's onderin beeld. Daarna nemen we notie van het feit dat het lettertype van het dvd-menu kan worden gewijzigd. Het lettertype van de titel en het lettertype van de clipnamen worden hierbij apart aangepast.*

wijzigen door de naam van de desbetreffende clip aan te passen. Voor dit laatste maakt u gebruik van het snelmenu van de clip, waarbij u de optie **Naam wijzigen** kiest.

Tip 13: Controleren voor inbranden

Natuurlijk biedt DVD Builder een mogelijkheid om te controleren of het project correct is opgebouwd. Rechtsonder in beeld vindt u de knop **Project-simulatie**, niet geheel toevallig in de vorm van een afstandsbediening. Als u op deze knop klikt, dan zal DVD Builder een voorvertoningvenster laten zien dat vergezeld gaat van een afstandsbediening. Gebruik deze afstandsbediening om de zo dadelijk in te branden dvd-video af te spelen.

Afbeelding 13.16 *Dit is de knop Projectsimulatie waarmee we een gecreëerd videopro- ject kunnen controleren; om te zien of het menu werkt, om te zien of de juiste beeldover- gangen worden gebruikt enzovoort.*

Afbeelding 13.17 *Dit is het voorvertoningvenster van DVD Builder. Rechts ziet u de af- standsbediening waarmee we door de dvd-video kunnen bladeren. Op deze manier kunt u checken of de film correct is opgebouwd.*

Tip 14: Uitwisselen van bestanden

Wie thuis is op internet, die weet dat er nogal wat multimediabestanden kunnen worden gedownload. Als de bestandsformaten worden ondersteund door DVD Builder, dan kunt u ze allemaal importeren en toepassen! DVD Builder kan slechts enkele bitmapformaten inlezen, maar intussen wel zo'n beetje alle videoformaten.

Tip 15: VHS-kwaliteit verbeteren

Als u, in DVD Builder, videofragmenten gebruikt die afkomstig zijn van een VHS-band of van een tv-tuner, dan kan de kwaliteit van de beelden tegenvallen. Denk hierbij voornamelijk aan de ruis die in de videofragmenten zit. DVD Builder heeft een optie waarmee u dergelijke ruis kunt onderdrukken dan wel verbeteren. Klik met de rechtermuisknop op een dergelijk videofragment en kies de optie **Denoiser toepassen**. Is dat gedaan, dan verschijnt er een speciaal pictogram linksboven in de miniatuurweergaven van het videofragment. Tijdens de controlefase merkt u niets van deze instellingen. Pas als de dvd-video daadwerkelijk is ingebrand, kunt u zien hoezeer het origineel is opgefrist.

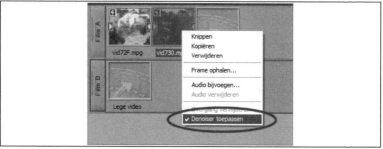

Afbeelding 13.18   *De denoiserfunctie wordt nu ingeschakeld. Hiermee zorgen we ervoor dat de kwaliteit van bijvoorbeeld een VHS-opname serieus wordt verbeterd. Let wel, de compilatie van de dvd-video zal dan wat meer (reken)tijd in beslag nemen.*

Index